Peter Leuschner

# Hinterkaifeck

## Deutschlands geheimnisvollster Mordfall

Verlag W. Ludwig

ISBN 3-7787-2022-8

# Inhaltsverzeichnis

# Vorwort

Vor über einem halben Jahrhundert geschah mitten in Bayern eines der unheimlichsten und grausigsten Verbrechen der deutschen Kriminalgeschichte. Auch heute noch beschäftigt die Mordnacht von Hinterkaifeck die Polizei. Denn trotz rund hundert Verhaftungen gelang es bisher nicht, die Täter zu fassen. Damit ist der sechsfache Mord von 1922 auf der Einöde bei Schrobenhausen eines der wenigen ungeklärten Sensationsverbrechen.

Erst jetzt, nach mehr als 56 Jahren, haben Justiz und Polizei ihre geheimen Akten zu diesem Fall geöffnet. Zum erstenmal legten die Behörden damit offen, welche Spuren sie in dieser Zeit verfolgt haben. Der Autor hat einige davon herausgegriffen – ohne jede Wertung. Er will dem Leser unter anderem verdeutlichen, wie eine sich steigernde Hysterie die Bürger zu den oft absurdesten Verdächtigungen hinriß.

Deutlich wird aber auch, daß die Kripo wie die Staatsanwaltschaft bei ihren schwierigen Ermittlungen kaum Glück und oft auch keine glückliche Hand hatten. Es fehlten damals auch die technischen Mittel wie Funk, Fahndungs-Computer, schnelle Fahrzeuge oder großzügig ausgestattete Labors. Die beiden ersten Beamten kamen mit alten Fahrrädern zum Mordhaus.

Hinterkaifeck steht nicht nur wegen der Brutalität, mit der hier gemordet wurde, sondern gerade wegen all seiner unheimlichen Begleiterscheinungen einzigartig da in der Kriminalgeschichte. Unmittelbar vor der schrecklichen Tat ereigneten sich geheimnisvolle Dinge auf dem Einödhof, deren Hintergründe bis heute nicht geklärt werden konnten. Noch nicht einmal das Motiv für dieses grausige Verbrechen ist bekannt.

Gerüchte, Verdächtigungen, Verleumdungen – sie haben die Menschen in unmittelbarer Umgebung der Einöde nie zur Ruhe kommen lassen. Theoretisch könnten die Mörder noch leben. Das ist es auch, was immer neuen Versionen über Motiv und Täter Vorschub leistet. Doch selbst wenn das Verbrechen noch geklärt werden könnte, vor ein irdisches Gericht können die Mörder nicht mehr gestellt werden.

*P. L.*

# I.
# Sechs Särge

Über dem Friedhof von Waidhofen liegt eine unheimliche Stille. Gebannt starren trotz Regen, Wind und Kälte Hunderte von Menschen auf die sechs Särge vor dem Massengrab hinter der Kirche. Plötzlich geht ein Raunen durch die Menge. Vier Männer lassen mit dicken Seilen den ersten Sarg in die Tiefe. Als sie die beiden weißen Kindersärge aufnehmen, brechen mehrere Frauen in lautes Weinen aus. Lehrer Georg Sellwanger blickt zu Boden. Er kann es immer noch nicht fassen, daß in einem der Särge ein kleines Mädchen aus seiner Klasse liegt. Seine Hände verkrampfen sich zu Fäusten. Neben ihm stammelt leise, Tränen in den Augen, eine ältere Kollegin: »Dieses Vieh – auch die unschuldigen Kinder. . .«

»Ich bin die Auferstehung und das Leben, wer an mich glaubt, wird leben, auch wenn er gestorben ist.« Die kräftige Stimme von Pfarrer Michael Haas zittert. Dem 55jährigen Geistlichen fällt es sichtlich schwer, angesichts dieses unfaßbaren Geschehens Haltung zu bewahren. Stockend schildert er den Lebensweg der Mordopfer, ihre Zurückgezogenheit, ihre guten Seiten wie ihre Schwächen.

Schallend ruft er dann über den Friedhof, daß er selbst vor seiner eigenen Stimme erschrickt: »Der Herr gedenket als Bluträcher ihrer. Vergißt nicht das Geschrei der Armen!« Mit versteinertem Gesicht greift er zu der kleinen Schaufel, die ihm ein Ministrant reicht, und wirft hartgefrorene Erdklumpen in die Tiefe – einmal, zweimal, dreimal.

Wieder beginnen wenige Meter hinter dem Pfarrer die schwarzgekleideten Frauen zu schluchzen. Oberinspektor Reingruber von der Münchner Mordkommission hört nicht die Worte des Priesters, nicht das Weinen, Schluchzen, Klagen. Der erfahrene Kriminalist hat seine besten Beamten zu der Beerdigung mitgenommen. Unauffällig stehen sie mitten unter den mindestens tausend Trauergästen, beobachten scharf jedes Gesicht, das ihre Blicke erhaschen können, jede Regung, jede Gestik. »Es wäre nicht das erstemal«, hat Reingruber seinen Leuten eingebleut, »daß Mörder zur Beisetzung ihrer Opfer kommen.«

Uniformierte Gendarmerie hat außerdem das ganze Gebiet um den Friedhof von Waidhofen abgeriegelt. Die Beamten, die aus ganz Bayern zu diesem Sondereinsatz abkommandiert wurden, haben kein Glück. »Meinst Du«, sagt ein junger Wachtmeister zu seinem Kollegen, »daß so einer überhaupt noch ruhig schlafen kann?«

»Wer so etwas tut, der hat kein Gewissen«, ist die Antwort. »So einer ist kein Mensch mehr.«

Von der Friedhofskapelle läutet jetzt wieder die Totenglocke. Dumpf hallt ihr Klang über das Paartal, hinüber nach Hinterkaifeck, wo seit acht Tagen alles Leben ausgelöscht ist.

Nur langsam verläuft sich die Menschenmenge. Es wird still auf dem Friedhof. Wie angewurzelt steht Oberinspektor Reingruber immer noch vor dem offenen Grab. Der mittelgroße Mann mit dem wachen Blick und den stechenden Augen ist in Gedanken versunken. »Keine besonderen Vorkommnisse – leider«, meldet ein Inspektor-Anwärter. Reingruber zuckt kaum merklich zusammen. Schnell faßt er sich wieder. »Wir müssen die Mörder finden, wir müssen sie finden...« Und laut, obwohl das gar nicht seine Art ist, fügt er hinzu: »Ich erwarte dazu von Ihnen, von allen, das Äußerste.«

# II.
# Ein mysteriöser Fund

Krachend schlägt ein hölzerner Fensterladen gegen das Schlafzimmerfenster des Einödhofes in Hinterkaifeck. Ist da nicht Glas gesplittert? »Herrgottsakra. Wie oft soll ich noch sagen, ihr sollt bei dem Sauwetter die Läden einhängen.«

Mißmutig steht der Austragsbauer Andreas Gruber auf. Er ist 63 Jahre alt, fast 1,80 Meter groß, von kräftiger Statur und durch nichts so leicht zu erschüttern. Vor sich hinschimpfend verläßt er die Wohnstube und geht ins Schlafzimmer. Er trägt eine alte Hose und eine mehrfach geflickte Jacke. Auf sein Äußeres legt er keinen Wert. Wer ihn kennt, weiß, daß er nicht nur geizig, sondern auch menschenscheu, stur und äußerst mißtrauisch ist.

»Gottseidank, nichts passiert.« Er öffnet mit seinen schwieligen Händen das Fenster, beugt sich weit hinaus, wirft schwungvoll den Laden zurück und hakt ihn ein.

Der hintere Kaifeck-Hof liegt einsam zwischen Feldern. Zum Ortsteil Gröbern sind es etwa 500 Meter. Die Einöde ist von drei Seiten her von Wald umschlossen. Die Bäume drängen bis auf 400 Meter an das einstöckige Anwesen heran. Zu dem Hof gehören mehrere Nebengebäude mit Stallungen, Stadel, Maschinenhaus, Backstube und einem Holzschuppen. Die Einöde ist im offenen Viereck gebaut. Von den Fenstern des ausgebauten Dachgeschosses geht der Blick hinüber zum östlichsten Haus in Gröbern, dem Anwesen von Ortsführer Lorenz Schlittenbauer.

Sekunden später wird die Haustüre aufgerissen. Über und über mit Schnee bedeckt stolpert die siebenjährige Zäzilie in die Wohnstube. »Mama«, sagt das Mädchen zu der jungen Frau, »schau, was wir in der Schule gemalt haben.« Noch bevor es sich auszieht, kramt das Kind in seinem Schulranzen, holt ein Zeichenblatt hervor und faltet es auseinander. Von dem weißen Papier leuchtet in grellem Gelb eine Sonne, strahlt auf eine grüne Wiese und einen dunklen Wald. »Mama schau doch, ist meine Sonne nicht schön?« Viktoria Gabriel schaut kurz auf die Zeichnung. »Ja«, sagt die 35jährige Witwe, »sie ist schön.« Plötzlich schlägt sie die Hände vor ihr hübsches Gesicht, schüttelt immer wieder den Kopf und stammelt: »Ich kann nicht mehr, ich halte das nicht mehr aus.« Langsam rinnen Tränen über ihre Wangen.

In diesem Augenblick kommt Andreas Gruber zurück in die Wohnstube. Wortlos legt er seiner Tochter den Arm um die Schulter, drückt sie fest an sich. Sanft streichelt er über ihr dunkelblondes Haar. Mit einer Behutsamkeit, die man ihm gar nicht zugetraut hätte, wischt er die Tränen mit der bloßen Hand ab, zieht ihre Haarsträhnen von den Augen weg.

»Ist ja schon wieder vorbei.« Viktoria Gabriel hört seine beruhigende Stimme wie aus weiter Ferne. Sie schließt die Augen. Jetzt sieht sie es wieder ganz nah vor sich – da ist dieses Gesicht wieder, das sie seit Tagen verfolgt. Ein heftiger Weinkrampf schüttelt ihren jungen Körper.

Andreas Gruber hält seine Tochter noch fester. Seine Frau sitzt auf der Fensterbank und näht. Sie ist neun Jahre älter als er. Ihr verhärmtes Gesicht zeigt keinerlei Regung. Teilnahmslos starrt sie auf die Nadel, mit der sie eine aufgerissene Hosentasche zunäht.

Durch das Weinen seiner Mutter ist der zweieinhalbjährige Josef wach geworden. Er liegt in einem großen Kinderwagen in der Küche.

Laut schreit er »Mama, Mama, Mama.« Als sich niemand um den Buben kümmert, wirft die alte Frau zornig Nadel und Faden auf den Tisch, legt die Hose beiseite und geht hinaus. Mit dem Kind auf dem Arm kommt sie zurück.

Stumm setzt sie den Buben auf ihren Schoß. Viktoria Gabriel hat sich wieder beruhigt. Sie nimmt der alten Frau den Zweieinhalbjährigen ab und geht zum Fenster.

Der Schneeschauer hat nachgelassen. Es ist neblig geworden. Der Blick reicht nicht weit. Die Hausdächer vom benachbarten Ort Gröbern sind schon nicht mehr zu sehen. Alles ist zu einem milchigen Brei verschwommen. Die leichte Hügelwelle zwischen Hinterkaifeck und Gröbern versinkt wie in einem unendlichen Meer.

Obwohl es erst kurz nach 15 Uhr ist, zündet Andreas Gruber die Petroleumlampe über dem Tisch in der Wohnstube an. Es dauert einige Minuten, bis die Flamme richtig brennt. Ihr flackernder Schein taucht das Zimmer in ein trostloses Licht.

Andreas Gruber weiß, warum seine Tochter mit den Nerven am Ende ist. Es ist die Angst, weil sie beobachtet, verfolgt und belauscht werden. Vor einigen Tagen hat Viktoria Gabriel am Waldrand einen Unbekannten gesehen. Er stand zwischen den Bäumen und starrte minutenlang auf das Haus. Plötzlich verschwand er wieder.

Sie hatte ihrem Vater davon erzählt und der hatte sie mit der Bemerkung zu beruhigen versucht, daß sie sich vielleicht getäuscht habe. Doch Andreas Gruber weiß nur zu gut, daß sich seine Tochter nicht geirrt hat. Er selbst sah den Unbekannten wenig später fast an der gleichen Stelle. Seiner Tochter hatte er dies jedoch verschwiegen. Er wollte sie nicht noch mehr erschrecken.

Unruhig flackert die Petroleumlampe. Immer noch heult der Wind um das einsam gelegene Haus. Was mag dieser Mann von uns wollen? Andreas Gruber hat sich diese Frage in den letzten Tagen oft gestellt. Er findet auch jetzt keine Antwort. Nervös fährt er sich über die Stirn, zupft am Tischtuch. Dann zündet er sich eine Pfeife an. Nachdenklich blickt er den Rauchkringeln nach, die langsam zur Decke steigen, sich in Nichts auflösen.

Draußen ist es inzwischen noch dunkler geworden. Andreas Gruber steht auf. »Ich seh noch einmal nach«, sagt er zu seiner Familie, schlüpft in die Jacke, schlägt den Kragen hoch und greift nach der Kreuzhacke, die er zum Reparieren in die Wohnung geholt hat.

Bleich schaut Viktoria ihren Vater an. »Bleib«, fleht sie, »geh nicht da raus.« Doch der kräftige Mann schiebt sie vorsichtig aber bestimmt zur Seite. »Ich bin gleich wieder da.«

»Vater – Vater!« Viktorias Schreie gellen durch das ganze Haus. Aber der 63jährige ist schon an der Tür. Sie hört noch einen Knall. Dann sind sie allein.

Durch die angelaufene Fensterscheibe sieht die junge Witwe ihren Vater. Fest hält er die Kreuzhacke in der Hand. Jetzt ist er am Gartenzaun. Zuerst geht er ein Stück auf dem Feldweg in Richtung Gröbern. Nach wenigen Metern macht er kehrt, bleibt stehen und stapft auf den nahen Wald zu. Der Nebel ist dichter geworden. Es dauert nicht lange, dann ist Andreas Gruber in dem milchigen Brei und im Dämmerdunkel untergetaucht.

Nach einer knappen halben Stunde kommt er zurück. An seinem Gesicht sieht Viktoria Gabriel, daß etwas passiert sein muß. Der 63jährige sagt nichts. Er zieht die Jacke aus, stellt die Kreuzhacke wieder in die Ecke. Er schweigt immer noch. »Du hast recht gehabt«, meint er plötzlich zu seiner Tochter, »wir werden beobachtet!« Sozusagen als Beweis knallt er eine zusammengefaltete Zeitung auf den Tisch. »Ich habe sie gerade am Waldrand gefunden, sie ist von vorgestern.«

Erschrocken schauen die beiden Frauen den Mann an. Aus der Küche klingt das Lachen und Lärmen der zwei Kinder. Die alte Gruberin faßt sich am schnellsten wieder. Vorsichtig langt sie nach dem Blatt, faltet es behutsam auseinander, als könnte jeden Augenblick etwas Furchtbares passieren. »Münchner Zeitung« liest sie.

Am nächsten Morgen fragt Andreas Gruber den jungen Postschaffner Josef Mayer, der seit einem knappen Jahr fast täglich nach Hinterkaifeck kommt, ob er eine »Münchner Zeitung« verloren hat. Als dieser energisch verneint, will Gruber wissen, ob überhaupt jemand in der Umgebung Bezieher dieses Blattes ist. Wieder schüttelt der Postbote den Kopf. »Warum«, möchte Josef Mayer wissen, »interessiert Dich denn das.« Andreas Gruber läßt den verduzten Postschaffner stehen, dreht sich um und geht wortlos zum Haus hinüber.

# III.
# Die Spende im Beichtstuhl

Blutrot zieht die Sonne über dem Paartal herauf. Ein leichter Frost hat über Nacht die Landschaft verwandelt. Erstarrt liegt sie da. Irgendetwas ist in der Luft.

Nervös, gereizt, verstimmt, haben die Bewohner von Hinterkaifeck den Tag begonnen. Der Abreißkalender in der Küche zeigt den 26. März 1922. In wenigen Wochen ist Ostern. Der kleine Josef spielt wie sonst immer um diese Zeit in der Küche neben seinem Kinderwagen. Die alte Gruberin bügelt Wäsche. Andreas Gruber und Viktoria Gabriel versorgen im Stall das Vieh. Die siebenjährige Zäzilie ist in der Schule.

Auf einer langen Gabel trägt Andreas Gruber Heu durch eine schmale Zwischentüre aus dem Stadel heran. »Hast Du den zwei Kälbern schon was gegeben«, ruft er seiner Tochter zu. Da sie nicht sofort antwortet, fährt der Alte sie unwirsch an. Als Viktoria daraufhin weggehen will, stellt er sich ihr in den Weg: »Was wolltest Du eigentlich mit dem Geld im Beichtstuhl?«

»Das geht Dich nichts an. Du hast mir den Hof überschrieben – ich bin Dir keine Rechenschaft schuldig.« Trotz dieser eindeutigen Abfuhr gibt Gruber nicht auf. »Aber seltsam ist das Ganze schon.« Gereizt dreht sich Viktoria um. »Laß mich endlich in Ruh'.«

»Hattest Du vielleicht ein schlechtes Gewissen?« Der Alte bohrt immer weiter. Doch als Viktoria erregt schreit: »Hör jetzt auf«, schweigt er.

Immerhin waren es 700 Mark in Gold, schießt es dem Alten durch den Kopf. Sie waren ja nicht gerade arm, aber 700 Goldmark! Das Geld lag in einem braunen Umschlag, den Pfarrer Michael Haas von Waidhofen am 17. März in seinem Beichtstuhl fand. Der Geistliche hatte gleich einen Verdacht. Das Geld konnte nur von Viktoria Gabriel sein – aber wofür war es bestimmt? Pfarrer Haas ließ der kleinen Zäzilie in der Schule ausrichten, sie möge ihre Mutter einmal vorbeischicken.

Einige Tage später stand die Witwe vor dem alten schönen Pfarrhaus gegenüber der Waidhofener Kirche. Michael Haas öffnete auf ihr Klingeln selbst. Er bat sie in das Besucherzimmer und fragte unverhohlen: »Ist das von Dir?« In der rechten Hand hielt er das braune Kuvert. Viktoria Gabriel wurde etwas rot. Verlegen blickte sie zu Boden, wie ein Kind, das bei einer Lüge ertappt wurde, und nickte leicht mit dem Kopf.

»Was ist mit dem Geld, was soll ich damit?« Der Priester kam sich wie ein Kriminalbeamter vor. Aber es war doch höchst ungewöhnlich, daß jemand eine so hohe Summe einfach in den Beichtstuhl legte – ausgerechnet in den Beichtstuhl. Schließlich gibt es in der Kirche drei Opferkästen. Viktoria Gabriel wich den Blicken des Geistlichen aus. »Nehmen Sie es für die Mission.« Hastig verließ sie Sekunden später das Pfarrhaus.

Die beiden Menschen im Stall schweigen. »War ja nicht so gemeint.« Es ist der alte Gruber, der nach einigen Minuten krampfhaft ein Gespräch beginnen will. »Ich bin halt auch mal nervös.«

»Nervös, nervös«, entfährt es da seiner Tochter, »meinst Du vielleicht, ich wäre das nicht. Überarbeitet bin ich außerdem – die Kinder, der Haushalt, das Vieh. . .«

»In fünf Tagen kommt die neue Magd«, tröstet der 63jährige die junge Frau, »dann wird alles wieder besser.«

Viktoria Gabriel stellt einen Melkschemel zur Seite. Sie muß noch die Ferkel und die Hühner versorgen. Mitten in ihrer Arbeit bleibt sie plötzlich wie erstarrt stehen. Ihr Herz schlägt pochend, instinktiv preßt sie die Hände vor die Brust. Waren da nicht Schritte über ihnen auf dem Speicher. Aus den Augen der jungen Frau flackert Angst. Da ist es wieder, das Gesicht, das sie nachts oft im Schlaf hochschreckt.

Andreas Gruber hat auch etwas gehört. Wild entschlossen packt er eine neben ihm an der Wand lehnende Mistgabel. Ohne zu zögern klettert er die Leiter hoch. Viktoria hört seine Schritte auf den knarrenden Holzbrettern, seine lauten Rufe. Sie steht immer noch wie angewurzelt an derselben Stelle, unfähig, sich zu bewegen.

»Verdammt nochmal, komm doch raus!« Der 63jährige brüllt aus Leibeskräften. Als sich nichts rührt, klettert er wieder hinunter. Schluchzend fällt ihm Viktoria um den Hals. Sie zittert am ganzen

16

Körper. »Vielleicht war es eine Katze – oder ein Marder.« Die junge Frau schüttelt den Kopf. Dann weint sie.

Draußen ruft in diesem Augenblick der Postschaffner. Andreas Gruber schickt seine Tochter ins Haus. Dann geht er dem Briefträger entgegen. Noch bevor Josef Mayer dem Hinterkaifecker einen Brief in die Hand drücken kann, fragt ihn dieser: »Hast Du jemand Fremden hier in der Nähe gesehen?«

»Nicht, daß ich wüßte. Von Gröbern bis zu Euch herüber bin ich keiner Menschenseele begegnet. Warum, erwartet Ihr Besuch?« Andreas Gruber, wortkarg wie immer, schüttelt nur den Kopf. »Ist schon gut«, meint er dann.

»Was die nur haben?« Langsam schiebt der Postschaffner sein Dienstrad hinaus auf den Feldweg, der an der Einöde vorbeiführt. Erst kürzlich hatte ihn Viktoria Gabriel das gleiche gefragt. Mehrmals sogar. Sind schon seltsame Leute in Hinterkaifeck, denkt sich der Beamte, während er in Richtung Gröbern zurückfährt.

Beim Mittagessen sind Andreas Gruber, seine Frau und Viktoria noch ruhiger als sonst. Schwer lastet ihr Schweigen in dem kleinen Raum. Auf dem breiten, alten Herd brodelt in einem Topf Wasser. Zwischendurch quellen einige Tropfen über, fallen zischend auf die heiße Ofenplatte. Sogar der zweieinhalbjährige Bub bleibt brav am Tisch sitzen. Jeder ist mit seinen Gedanken beschäftigt. Kaum einer wagt dem andern ins Gesicht zu sehen.

Viktoria versucht all das Unerklärliche der letzten Tage zu verdrängen. Aber es gelingt ihr nicht. Stattdessen fällt ihr eine unheimliche Geschichte ein, die sich vor einem halben Jahr ereignet hat.

Sie war damals gerade beim Wäscheaufhängen im Garten hinter dem Haus. Es dürfte Ende Oktober oder Anfang November 1921 gewesen sein. Da kam die damalige Magd Kreszenz R. auf sie zu. Sie hatte gleich gemerkt, daß das junge Ding etwas auf dem Herzen hatte. Die 24jährige wollte aber nicht so recht raus mit der Sprache. Erst nach einiger Zeit platzte es aus dem Mädchen heraus: »Ich muß kündigen – sofort.«

Viktoria, die zu der jungen Magd ein gutes Verhältnis hatte, brauchte lange, um den Grund für diesen plötzlichen Entschluß herauszufinden.

Weinend erzählte Kreszenz R. schließlich, daß es nachts in ihrer Kammer spukt. Sie habe solche Angst und halte es nicht mehr aus. Etwa zur Zeit der Kartoffelernte, berichtete stockend die Magd, sei es losgegangen. Gegen Mitternacht sprang wie von Geisterhand bewegt die Kammertüre auf. Sie habe geschrien und gerufen, aber nie jemanden gesehen. Zusperren konnte man die Türe nicht. »Erst letzte Nacht«, heulte das Mädchen, »ist es wieder passiert.«

Obwohl ihr Viktoria Gabriel und auch Andreas Gruber gut zuredeten, war die Magd nicht mehr zu halten. Sie kündigte und verließ Hals über Kopf die Einöde.

Zäzilie kommt an diesem Tag später als gewöhnlich von der Schule heim. Draußen beginnt es bereits zu dämmern. Sie legt ihren Schulranzen auf die Fensterbank, wirft ihren Schal um einen Haken an der Türe und stellt ihre feuchten Stiefel in die Holzkiste neben dem Ofen.

»Wo warst Du denn so lange, Du hättest ja gleich ganz ausbleiben können.« Viktoria Gabriel schaut die Siebenjährige mit strafendem Blick an. Dem Weinen nahe, antwortete das Mädchen: »Ich hab' eine Strafe bekommen.«

»So«, meint die Mutter, »und wofür denn?« Umständlich kramt Zäzilie in ihrem Schulranzen. Schließlich zieht sie ein blaues Heft hervor. »Da steht es: Der Krieg ist vorbei. Diesen Satz muß ich bis morgen hundertmal schreiben.«

»Hundertmal!« entfährt es der Witwe. »Was hast Du denn überhaupt angestellt?« Zäzilie ist wieder den Tränen nahe. »Ich habe Krieg vorne mit g und einfachem i geschrieben.« Sie deutet mit dem Zeigefinger auf eine mit roter Tinte dick unterstrichene Stelle im Heft: »Grig«.

Bevor das Mädchen seine Schulsachen auf dem Tisch in der Wohnstube ausbreiten kann, ruft die Mutter: »Zuerst ißt Du etwas.« Sie streicht ihrer Tochter ein Brot mit Schweineschmalz auf. »Das Salz mußt Du Dir selbst drauftun.« Dann wärmt sie die Kartoffelsuppe von Mittag auf. Umständlich klettert auch der kleine Josef auf seinen Stuhl in der Küche. Der Bub will auch etwas essen. Als er nicht sofort einen Teller erhält, beginnt er ein fürchterliches Geschrei.

»Mama, ich schick mich bestimmt.« Zäzilie taucht ihren Federhalter in das Tintenglas ein. Vorsichtig malt sie auf das Papier: »Der

18

Krieg ist vorbei.« Leise sagt sie sich dabei die Worte des Lehrers vor. »Krieg vorne mit k wie Kanone und hinten mit g wie Grube. Kanone – Grube, Kanone – Grube. . .«

Das Mädchen ist mit dem Schreiben gerade fertig, als seine Mutter und Andreas Gruber in den Stall gehen wollen. »Meinst Du, unser Papa kommt bald zurück aus dem Krieg?« Viktoria Gabriel, die mit der rechten Hand den Griff der Haustüre umklammert, zuckt zusammen. Sie steht da, wie von einem unsichtbaren Keulenschlag getroffen. Ihr Gesicht ist von einer Sekunde zur anderen aschfahl geworden.

Es dauert einige Minuten, bis sie sich wieder fängt. Neben ihrem Vater taumelt sie hinaus in die Dunkelheit. Der Schein der Petroleumlampe, die Andreas Gruber trägt, wirft gespenstische Schatten auf den feuchten Boden. Am Nachmittag hat es wieder kurz geschneit. Aber jetzt ist der Schnee schon fast wieder ganz weg.

Der Vater führt die Tochter am Arm. Vor der Stalltüre stellt er die Lampe auf die Erde, kramt nach dem Schlüsselbund in seiner Hosentasche und sperrt das Vorhängeschloß auf. Kaum sind sie drin, verrammelt er die Türe von innen. Die Petroleumlampe hängt er an einen Eisenhaken. Dann zündet er eine zweite Lampe an.

Erschöpft lehnt sich Viktoria Gabriel an den hölzernen Futterbarren. Die Tiere stampfen unruhig auf der Stelle. Der Atem der jungen Frau geht schwer. Mit leerem Blick starrt sie zu ihrem Vater hinüber, der mit dem Ausmisten bei den Kühen begonnen hat. Plötzlich stößt es aus ihr hervor, ist durch nichts mehr zu bremsen. »Ich habe Angst – ich habe schreckliche Angst.« Verbissen greift Andreas Gruber nach einem Schubkarren, holt aus dem angrenzenden Stadel Stroh.

»Du glaubst doch nicht etwa. . .« Andreas Gruber bricht den Satz ab. Er geht auf seine Tochter zu, blickt sie an, packt sie an beiden Armen. »Nein«, sagt er dann entschieden, »wenn einer nach sieben Jahren noch nicht zurück ist, dann kommt er auch nicht mehr. Nie mehr.«

Viktoria Gabriel ist immer noch nicht fähig, ihrem Vater zu helfen. Verworrene Gedanken wühlen sie auf, schaffen die Unruhe und Angst, die seit Tagen nicht mehr weicht. Vom Stadel herüber hört sie ihren Vater rufen: »Er ist tot. Gefallen. Begreif das doch.« In seiner Stimme liegen Zorn und Wut.

# IV.
# Spuren im Schnee

Wieder hat es geschneit. Mürrisch schaut Andreas Gruber in den frühen Morgenstunden des 30. März aus dem Fenster. »Sauwetter – mistiges«, flucht er. »Will es heuer denn überhaupt nicht mehr Frühling werden.«

Noch bevor es ganz hell wird, geht er zum Stall. Die Arbeit auf dem Hof hat ihm noch nie Schwierigkeiten gemacht. Er kennt es nicht anders. Früh raus, früh ins Bett. Und das werktags wie sonntags. Zwei Ochsen, zwei Stiere, vier Kühe, drei Jungrinder, zwei Kalbinnen und zwei Kälber stehen zur Zeit im Stall. Dazu kommen 50 Tagwerk Äkker, Felder, Wiesen und Wald. Im Haus horten sie ein Vermögen von über 100 000 Mark. Darunter Gold- und Silbermünzen, Aktien, Pfandbriefe, Kriegsanleihen und Schmuck.

Plötzlich stockt Andreas Gruber. »Verdammt noch mal!« Er rennt so schnell er kann zur Motorhütte. Sein Puls hämmert wild, sein Blick hat sich verfinstert. Dann steht er vor der Holztüre. Niemand ist zu sehen. Er hastet weiter zum Stall, schließt auf und läßt den gelben Spitz ins Freie, der nachts immer eingesperrt wird. Freudig bellend springt der Hund an ihm hoch. Andreas Gruber achtet nicht darauf.

Er bewaffnet sich mit einem Holzprügel und eilt zurück zur Motorhütte. Ganz genau betrachtet er das mit roher Gewalt gesprengte Vorhängeschloß an. Da – jetzt sieht der 63 jährige erst, daß die unbekannten Täter auch die Tür an der äußeren Futterkammer knacken wollten. Und plötzlich fällt sein Blick auf den Schnee. Da sind doch Spuren! Aufgeregt schreit der Alte nach seiner Tochter. »Die Gauner«, schimpft er wutentbrannt. »Man kann keinem mehr trauen. Aber was wollte der bloß in der Motorhütte und an der Futterkammer?«

Atemlos kommt Viktoria Gabriel gelaufen. »Sieh Dir das an!« Der Vater will sich gar nicht mehr beruhigen. »Erwischen wenn ich den Kerl tu«, und mit der rechten Hand macht er eine Bewegung, als wolle er jemand totschlagen.

»Ist was gestohlen?« will die junge Frau wissen. »Alles da. Ich versteh das nicht.«

Nach kurzem Schweigen sagt Viktoria: »Vater, wenn der überhaupt nicht in die Motorhütte, sondern ins Haus wollte.« Der Alte überlegt. Von der Hütte aus geht es nicht weiter. Aber vom angrenzenden Stadel führen Verbindungstüren hinüber zum Stall und von dort sogar ins Wohngebäude.

Viktoria Gabriel hat diesen schrecklichen Verdacht kaum ausgesprochen, als ihre Knie weich werden. Vor ihren Augen wird all das Unheimliche der letzten Tage wieder lebendig: die Schritte auf dem Speicher, die Zeitung im Schnee und immer wieder das Gesicht, dieses furchterregende Gesicht. . .

Andreas Gruber bringt seine Tochter zurück ins Haus. Allein geht er wieder hinüber. Er kennt keine Angst. Mit diesem Einbrechergesindel nimmt er es noch jeden Tag auf.

Mit einer Petroleumlampe leuchtet er die finsteren Ecken und Winkel im Stadel und im Stall ab. Ist das Vieh nicht unruhiger als sonst? Wie verrückt rennt der Spitz neben ihm her, bellt mal in diese, mal in jene Ecke. Der Alte achtet nicht auf den Hund. Ihm fällt auch nicht auf, daß die unteren Sprossen der Leiter, die zum Speicher hinaufführt, noch etwas feucht sind.

Als er nichts Verdächtiges findet, untersucht Andreas Gruber die Spuren im Hof. Über Nacht sind knapp zwei Zentimeter Schnee gefallen. An einigen Stellen sind die Fußtritte ganz deutlich. Sie führen am Backofen vorbei, wo der Zaun offen ist, hinauf zum nahen Wald.

Langsam sucht der Alte das ganze Gelände um das Haus ab. Plötzlich fällt ihm auf, daß die Schritte nur zum Hof, aber nicht mehr wegführen.

Auf dem Weg zum Wald begegnet er seinem Nachbarn Lorenz Schlittenbauer. Der um 20 Jahre Jüngere ackert auf einem Feld, das unmittelbar an den Besitz der Hinterkaifecker angrenzt. Die beiden Männer hatten lange Zeit nicht mehr miteinander gesprochen. Schlittenbauer wollte Viktoria Gabriel heiraten. Doch Andreas Gruber war dagegen. Vor einem Jahr hat dann der abgewiesene Landwirt eine andere zur Frau genommen.

Etwas widerwillig geht Gruber auf den Nachbarn zu. Lorenz Schlittenbauer hat sein Pferdegespann gestoppt. Auf den Pflug gestützt wartet er. »Was gibt's?« ruft er dem 63jährigen entgegen. »Bei mir ist heut' nacht eingebrochen worden. Die Spuren kommen von dort.« Andreas Gruber streckt seinen Arm in Richtung Wald aus. »Ich find' aber keine Fußabdrücke, die wieder vom Hof wegführen.«

»Seltsam«, meint Lorenz Schlittenbauer. Trotz aller Feindschaft, wenn es um ihr Hab und Gut geht, halten die Bewohner der Einöden und Dörfer im Paartal zusammen. Spontan schlägt Schlittenbauer vor: »Ich leih Dir meinen alten Trommelrevolver.« Andreas Gruber winkt ab. »Oder noch besser, Du alarmierst die Gendarmerie in Hohenwart. Die sollen zwei Beamte schicken. Von denen läßt Du alles genau durchsuchen.« Der 63jährige unterbricht den Nachbarn. »Nein, nein. Das kommt überhaupt nicht in Frage. Ich will keine Gendarmen in meinem Haus. Ich werd' schon ohne Polizei fertig. Ich weiß selbst, wie ich mich verteidigen muß.«

»War ja nur gut gemeint.« Lorenz Schlittenbauer will den Alten beschwichtigen. »Aber wie Du willst.«

»Übrigens«, Andreas Gruber streicht sich nachdenklich über das unrasierte Kinn, »hast Du vielleicht zufällig einen Schlüssel gefunden. Er ist ungefähr so lang.« Dabei gibt er mit beiden Händen die Größe an. Lorenz Schlittenbauer schüttelt den Kopf. »Warum, ist Dir einer gestohlen worden?«

Andreas Gruber schaut hinunter zu seinem Hof. Langsam dreht er sich dann wieder zu Schlittenbauer hin und meint: »Weiß der Teufel, wo der zweite Hausschlüssel ist. Wahrscheinlich hab ich ihn verloren. Ich find ihn schon seit gestern nicht mehr.«

Gegen Mittag fährt der Landwirt Kaspar Stegmeier aus Gröbern an Hinterkaifeck vorbei. Sein von zwei Ochsen gezogener Brückenwagen hinterläßt tiefe Furchen im Schnee und im aufgeweichten Erdreich darunter. Andreas Gruber schöpft gerade Wasser aus dem Brunnen. Schon von weitem winkt er Stegmeier zu: »Halt einmal – ich muß Dich etwas fragen.«

Wieder schildert er, was in der letzten Nacht in Hinterkaifeck passiert ist. Auch Kaspar Stegmeier rät ihm dringend, zur Polizei zu gehen. Doch der Alte hat etwas gegen Uniformen. Stegmeier bietet ihm an, beim Suchen zu helfen, doch der 63jährige lehnt ab. Nach einem kurzen Gruß fährt Stegmeier weiter. Der Gruber, denkt er sich, war schon immer ein sturer Mensch.

Nach der Stallarbeit am Abend verriegeln Andreas Gruber und seine Tochter besonders aufmerksam alle Türen. Der Alte hat Viktoria wieder beruhigen können. »Vor Einbrechern brauchen wir uns überhaupt nicht zu fürchten. Die wollen nur unser Geld und auf das passen wir schon auf.« Nur allzu gerne ist die junge Frau bereit, den Worten ihres Vaters zu glauben. »Hast Du den Hund auch eingesperrt?« Als Viktoria nickt, setzt er hinzu: »Verlaß ist auf das Viech ja keiner – schad um das Fressen, das es täglich kriegt.«

In der Nacht vom 30. auf 31. März sinkt das Thermometer fast auf den Gefrierpunkt. Schneeschauer jagen über das Paartal. Am Morgen kommt die Sonne nicht hervor. »Bei so einem Sauwetter jagt man nicht mal einen Hund nach draußen.« Andreas Gruber flucht und tritt kurz darauf mit zwei Wasserkübeln ins Freie.

Auf dem Weg zum Brunnen kommt ihm der Postschaffner entgegen. »Hier ist Eure Zeitung.« Der Briefträger springt vom Rad und drückt dem Alten die neueste Ausgabe des Schrobenhausener Wochenblattes in die Hand. Der 63jährige hat die Eimer abgestellt. »Mehr hab ich heut nicht.«

»Schau nochmal nach, das kann nicht sein.« Josef Mayer beißt sich auf die Zunge. Er muß sich eine bissige Bemerkung unterdrücken. Trotzdem durchsucht er seine schwere Ledertasche von hinten bis vorne. »Tut mir leid«, sagt er nicht ohne Schadenfreude nach ergebnislosem Suchen zu Andreas Gruber. Dann schwingt er sich auf sein Dienstrad und tritt in die Pedale. Nach einigen Metern dreht er sich um und schreit hämisch dem Alten nach: »Dein Brief kommt schon noch, bevor Du stirbst. . .«

Am frühen Nachmittag verschlechtert sich das Wetter. Ein heftiger Wind wirft sich gegen den Einödhof, packt die Bäume, rüttelt an Fenstern, Läden und Türen. »Bin neugierig, ob die Magd überhaupt kommt«, murmelt Andreas Gruber in der Küche. »Morgen ist ihr erster Arbeitstag.«

Etwa zur selben Zeit sieht der Knecht Michael Plöckl von Haidhof eine dunkelgekleidete Gestalt auf sein Haus zukommen. Vorsichtshalber läßt er den Wachhund von der Leine und stellt sich zwischen der Einöde und der Straße, die nach Schrobenhausen führt, auf. Als die Gestalt näherkommt, erkennt Plöckl, daß es eine Frau ist. Sie trägt schwer an einem Koffer, Schachteln, Taschen und einem Rucksack. Es nieselt leicht. Völlig erschöpft stellt sie einige Meter vor dem Mann ihr Gepäck auf den Boden. Dann ruft sie: »Wo geht's denn nach Hinterkaifeck?«

Das kann nur die neue Magd sein, schießt es Plöckl durch den Kopf. Erst kürzlich hat er durch Zufall gehört, daß sich bei den Hinterkaifeckern wieder eine verdungen haben soll. Der Knecht geht mit der Frau wieder das Stück zur Straße hinaus. »Dort«, und er deutet nach Osten, »hinter dem letzten Feld links drüben geht es in den Wald. Später geht es wieder rechts. Kannst gar nicht verfehlen. Da steht sonst weit und breit kein Hof.« Die Frau bedankt sich. Tief gebückt von der Last stapft sie weiter. Michael Plöckl bleibt stehen und schaut ihr nach, bis sie im Wald verschwunden ist.

Gegen 17 Uhr trifft die Frau in Hinterkaifeck ein. Sie heißt Maria Baumgartner, ist 44 Jahre alt, ledig und kommt aus Kühbach bei Aichach. Andreas Gruber und Viktoria Gabriel sind gerade im Stall. Plötzlich ruft ihnen die alte Gruberin. Als sie ins Haus kommen, hat Maria Baumgartner schon ihre nassen Oberkleider ausgezogen und am Kachelofen zum Trocknen aufgehängt. In einer dunkelblauen Leinenbluse und einem schwarzen, dicken Rock sitzt sie da. Ihre Schuhe sind dreckverschmiert.

Bevor Andreas Gruber die neue Magd begrüßt, zeigt er auf ihre Füße: »Um Gotteswillen, putz Dir nur gerade die Schuhe ab.« Dann reicht er der Frau die Hand. Der 44jährigen entgeht nicht, daß er im nächsten Augenblick argwöhnisch ihr Gepäck anvisiert. Um seiner Frage zuvorzukommen, sagt sie: »Das gehört alles mir. Wo kann ich es hintun?«

»Ich zeig Dir gleich mal Deine Kammer.« Andreas Gruber geht mit einem Kerzenleuchter voran durch den düsteren Gang. Er hat ihr einige Gepäckstücke abgenommen. »So, da wären wir.« Der Alte stößt mit dem Fuß die Türe zu einem kleinen Zimmer im Erdgeschoß auf. Ein altes Bett, ein Schrank, eine Kommode, dazwischen Unordnung. Man sieht gleich, daß hier längere Zeit niemand mehr gewohnt und saubergemacht hat. Maria Baumgartner stellt ihre Sachen ab. Dann gehen sie wieder in die Wohnstube.

Beim ersten gemeinsamen Abendessen mit der neuen Magd wird nicht viel geredet. Maria Baumgartner löffelt hungrig ihre Suppe. Andreas Gruber hat schon gleich gesehen, daß die Neue hinlangen kann bei der Arbeit. Sie ist fast 1,80 Meter groß und kräftig gebaut. »Morgen in aller Frühe geht's los!« Der 63jährige schaut die ihm gegenübersitzende Magd kurz an. Diese nickt.

# V.
# Die Mordnacht

Die Standuhr in der Küche rasselt acht Schläge herunter. Draußen wirft sich der Sturm gegen das Haus. Bei einem besonders starken Windstoß ist es, als würden die Fenster aufspringen. Im Ofen flackert unruhig das Feuer. Aus dem Kamin dringt ein schauerliches Heulen und Pfeifen. »Der Sturm«, brummt der Alte, »hört der denn überhaupt nicht mehr auf.«

Der kleine Josef zeigt keinerlei Scheu vor der neuen Magd. Übermütig zieht er am Rock der Frau. Sie muß ihren rechten Fuß ausstrekken. Lachend setzt sich der Bub drauf. »Hoppe, hoppe Reiter. . .«

»Jetzt ist aber Schluß.« Viktoria Gabriel weist auf die Standuhr. Die blanken Metallzeiger stehen auf 20.30 Uhr. »Sonst muß er spätestens um acht ins Bett«, klärt die Witwe die Magd auf.

Doch das Kind wehrt sich, schreit und wirft sich auf den Boden. Viktoria packt den Kleinen energisch, hebt ihn hoch und zieht dem immer noch Sträubenden schließlich den Schlafanzug an. Dann schiebt sie seinen Wagen in ihr Zimmer und legt den Buben hinein. Als sie schon am Weggehen ist, richtet sich der Kleine auf und jammert »Wasser. . ., Wasser. . .«

Die 35jährige nimmt ihren Jüngsten erneut auf den Arm, trägt ihn an die Türe. Dort langt der Bub mit allen Fingern der rechten Hand in einen zinnernen Weihwasserbehälter. »Paß doch auf«, schimpft Viktoria, »Du machst Dich ja ganz naß.« Mit ungelenken Bewegungen zeichnet sich der Bub ein Kreuz auf Stirn, Kinn und Brust.

Als sie in die Küche zurückkommt, ist Maria Baumgartner gerade am Gehen. »Nicht daß ich gleich am ersten Tag verschlafe,« meint sie heiter. »Also, ich wünsch' Euch allen eine gute Nacht. Ich muß noch mein ganzes Zeug auspacken.«

Auch Andreas Gruber hält es nicht mehr. »Ich leg mich schon mal ins Bett. Gehst Du mit«, sagt er zur kleinen Zäzilie. Die Siebenjährige schläft auf einem Kanapee im Schlafzimmer der Alten. »Gleich«, antwortet das Mädchen, »ich muß nochmal das Gedicht durchlesen. Der Lehrer will uns morgen ausfragen.«

26

In der Küche ist es auf einmal still geworden. Noch immer klappern da und dort Fensterläden, heult es aus dem Kamin. Als sich nach einigen Minuten Zäzilie mit einem »Gut' Nacht« verabschiedet, sind die zwei Frauen allein.

Die alte Gruberin räumt wortlos das Geschirr auf. Viktoria Gabriel strickt an einem Pullover für ihre Tochter. Plötzlich setzt sich die 72jährige ganz nah neben Viktoria. Ihr vergrämtes, von Leid gezeichnetes Gesicht ist verändert. Unruhig rutscht sie noch ein Stück näher. Es ist, als würde sie auf einmal menschliche Nähe, Schutz und Trost suchen.

Etwas Unerklärliches geht in diesen Sekunden in der alten Frau vor. Aus ihrem sonst so abweisenden, harten Gesicht starren hilfesuchend zwei Augen.

Viktoria Gabriel hat lange auf diesen Moment gewartet. Jetzt, wo es soweit ist, fühlt sie sich der Situation nicht gewachsen. Schamesröte schießt der jungen Witwe in den Kopf. »Mutter, Mutter«, sagt sie, und es klingt fast wie ein Flehen, »laß uns morgen darüber sprechen. Es ist schon spät. . .«

Ein im ganzen Haus zu hörender Schlag läßt die zwei Frauen unvermittelt zusammenzucken. Es muß das Stalltor gewesen sein. Erschrocken schreit Zäzilie Gruber: »Was war denn das!« Beide zittern. Da, – jetzt wieder. Es ist, als wäre im Stall der Teufel los.

»Die Tiere sind verrückt geworden«, kommt es Viktoria Gabriel zögernd über die Lippen. Sie faßt sich als erste wieder. »Da muß sich eine Kuh losgerissen haben.« Und nach kurzem Überlegen: »Vielleicht hat die neue Magd aus Versehen eine Kette gelockert.«

Eine andere Erklärung für den unheimlichen Lärm im Stall fällt ihr nicht ein. »Ich schau mal nach – bin gleich wieder da.«

Viktoria Gabriel dreht sich beim Hinausgehen nochmal um. Doch ihre Mutter sieht nicht her. Zusammengesunken sitzt sie auf der Fensterbank. Auf einmal tut Viktoria die alte Frau unendlich leid. Doch jetzt muß sie hinaus.

Im Gehen greift sie nach der Petroleumlampe, die im Gang an einem rostigen Nagel hängt, zündet sie an. Kaum hat sie die Haustüre geöffnet, fährt ihr der Wind wild in die Haare. Als sie über den Hof eilt, muß sie gegen den Sturm richtig ankämpfen. Schnee knirscht unter ihren Füßen. Ein grausiges Heulen ist in der Luft. Am nachtdunklen Himmel baut der Sturm gewaltige Wolkenberge auf, schiebt sie vor den bleichen Mond, begräbt ihn darunter. Frierend hält sich Viktoria Gabriel die Jacke am Hals zusammen. Es ist kalt. Vor dem Stall stellt sie die flackernde Laterne auf die Erde, schließt mit zwei Händen die Türe auf.

Sie hat das Tor noch keinen Fingerspalt breit geöffnet, als eine Böe die Türe ganz aufreißt und gegen die Außenwand schleudert. Im selben Augenblick steht die 35jährige im Dunkeln. Der Windstoß hat die Lampe ausgeblasen. Viktoria bückt sich, kramt in ihrer Schürzentasche nach Streichhölzern und zündet den noch glimmenden Docht wieder an.

Aus der Ferne ist das schaurige Heulen von Hunden zu hören. Durch den nahen Wald tost der Wind. Drohend und düster heben sich die Bäume vom schneeweißen Hügel ab. Zwischendurch taucht fahler Mondschein den Hof, den Weg und die weiten Felder dahinter in geisterhaftes Licht.

Viktoria Gabriel richtet sich wieder auf, nimmt die Lampe in die linke Hand. Da – der gespenstische Schein der Petroleumleuchte erhellt ein Gesicht. Jetzt ist es direkt vor ihr. Viktoria bringt keinen Laut heraus, die Kehle ist ihr wie zugeschnürt. Ihre Augen weiten sich, ihre Lippen formen sich zu einem unhörbaren Schrei. Die flackernde Flamme verzerrt das Gesicht zu einer Fratze. Kräftige Männerhände packen sie an den Armen. Sekunden später spürt die junge Frau einen furchtbaren Schlag auf den Kopf.

Allein mit sich und ihren Sorgen, die sie seit Jahren quälen, sitzt die alte Zäzilie Gruber in der Küche. Das Vieh gebärdet sich immer noch wie wahnsinnig. Die 72jährige ist müde, schrecklich müde. Ihr Leben kommt ihr wie ein Traum vor. Ein Traum, bei dem man nachts schweißgebadet aufwacht und dann froh darüber ist, daß alles nur geträumt wurde.

Die alte Frau horcht hinein in die Stille des Zimmers. Leise tickt die Uhr, verrinnen die Minuten. Geduldig wartet sie auf ihre Tochter. Ist es wirklich schon zu spät zum Reden? Die Schläge der Standuhr reißen Zäzilie Gruber aus ihren Gedanken. Einmal, dreimal, siebenmal, neunmal.

»Was ist denn da los, kümmert sich denn keiner um das Vieh!« Die 72jährige hört aus dem Schlafzimmer ihren Mann rufen. Erst als er ein zweitesmal schreit, antwortet sie: »Die Viktoria ist schon draußen.«

Als Viktoria Gabriel nach zehn Minuten immer noch nicht da ist, erhebt sich ihre Mutter. »Jetzt muß ich halt auch noch raus,« sagt sie zu sich selbst. Müde geht sie zur Tür.

»Das ist ja, als wäre das ganze Vieh durcheinander.« Auf halbem Weg fällt Zäzilie Gruber auf, daß es im Stall stockfinster ist. Hat denn Viktoria gar keine Laterne mitgenommen, im Stall sind doch auch noch mindestens zwei Petroleumlampen. Während die alte Frau dies denkt, brüllt eines der Tiere wieder markerschütternd. Dann rasseln Ketten, ist ein Stampfen und Schnauben zu hören.

Die Alte hat Mühe, die schwere Türe aufzubringen. Als sie auf der Schwelle steht, ruft sie in die Dunkelheit hinein: »Viktoria, wo bist Du denn? Viktoria, hörst Du. . .« Weiter kommt Zäzilie Gruber nicht. Aus dem Finstern greifen Hände nach ihr. Sie stürzt zu Boden. Fürchterliche Hiebe zerschmettern ihr den Schädel.

Kurze Zeit ist es still. Dann beginnt der Lärm von Neuem. Verärgert über den Krach, der ihn nicht einschlafen läßt, schreit Andreas Gruber erneut nach seiner Frau und seiner Tochter: »Zäzilie, Viktoria.« Doch niemand antwortet ihm. »Das gibt's doch nicht«, schimpft der 63jährige so laut, daß auch die Siebenjährige aufwacht, »wo sind denn bloß die Weibsbilder.«

Nur in der langen Unterhose und im Unterhemd geht er in die Küche. Die Petroleumlampe brennt, der Ofen bullert – aber kein Mensch ist da. »Deine Mutter und die Oma könnte man zum Tod holen schicken – dann würden wir alt werden«, ruft er dem kleinen Mädchen zu, das sich schlaftrunken auf dem Kanapee aufgerichtet hat. »Die können doch nicht so lange im Stall sein.«

Andreas Gruber schlüpft in seine Pantoffel. Er streift noch ein Hemd über. Dann tritt er hinaus ins Freie und schreitet zum Stall hinüber.

Der seltsame Lärm hat etwas nachgelassen. Wütend, daß er nochmals aus dem Bett mußte, reißt der 63jährige die Türe auf, macht zwei, drei Schritte ins Dunkle.

Plötzlich schlägt das hölzerne Tor mit ohrenbetäubendem Krach zu. Andreas Gruber fährt herum. Was ist denn da los, was geht da vor sich? Gerade als er nach den beiden Frauen rufen will, hört er neben sich ein Geräusch. So schnell es geht dreht er sich zur Seite. Ist nicht auch hinter ihm jemand? Bevor sich seine Augen an die Finsternis gewöhnt haben, ist alles vorbei. Von einem brutalen Hieb tödlich getroffen sinkt Andreas Gruber auf den Stallboden.

Die kleine Zäzilie ist aufgestanden und in die Küche gegangen. In ihrem weißen Nachthemd sitzt sie allein auf der Fensterbank. Draußen tobt der Sturm um die Einöde. Das Mädchen ist an solche Nächte gewöhnt. Aber auf einmal hat es Angst. Als die Standuhr plötzlich schlägt, zuckt es zusammen. Zäzilie schaut kurz hin. 9.30 Uhr. Aufmerksam verfolgt die Siebenjährige, wie der Zeiger langsam vorrückt.

Nun hält es das Kind nicht mehr aus. Nur mit dem dünnen Nachthemd bekleidet, stolpert es hinaus in die Nacht. Dann rennt das Mädchen mit großen Schritten durch den Schnee zum Stall. Die Türe ist nur angelehnt. Noch bevor Zäzilie öffnet, wird sie von innen aufgestoßen. Entsetzt prallt das Mädchen zurück. Es wirft die Arme hoch und schreit. Es will zurücklaufen. Aber es ist zu spät. . .

Maria Baumgartner ist in ihrer Magdkammer mit dem Auspacken und Einräumen fast fertig. Nur der Rucksack ist noch halbvoll. Erschöpft setzt sie sich auf den Stuhl vor der Kommode, ruht sich einige Minuten aus. Als sie sich die Hände waschen will, stellt sie fest, daß die Waschschüssel leer ist. Sie hat keine Lust mehr, Wasser vom Brunnen zu holen. Dann mach ich's halt morgen umso gründlicher, denkt sie sich.

Bevor Maria Baumgartner Rock und Bluse abstreift, zieht sie die Bettdecke zurück. Noch im Bücken merkt die 44jährige, daß die Kerze auf der Kommode plötzlich unruhig flackert. Als sie sich umdreht, sieht sie, daß die Türe einen Spalt offensteht. »Nanu?« Sie will hingehen, sie schließen – da erstarrt ihr das Blut in den Adern. Zentimeter für Zentimeter geht die Türe auf. Ganz langsam. Vom ersten Schreck erholt, ruft die Magd: »Wer ist denn da. . .« Als niemand antwortet, die Tür aber weiter lautlos nach innen wandert, packt die Frau panische Angst. Entsetzt reißt sie die Augen auf.

Tief und fest schläft der zweieinhalbjährige Josef in seinem Kinderwagen. Der Bub hört nicht die Schritte, die immer näher kommen. Plötzlich wird die Tür aufgerissen. Sekunden später erschüttert ein wahnsinniger Schlag den Fußboden. Mit einemmal ist es totenstill im ganzen Haus.

# VI.
# Das Verbrechen wird entdeckt

Langsam vergeht die Nacht. Das Wetter hat sich beruhigt. Im Osten dämmert ein neuer Tag herauf. Es ist der 1. April 1922, ein Samstag.

Schrill rasselt im Waidhofener Schulhaus die Glocke. Acht Uhr. In der Klasse von Georg Sellwanger bleibt ein Platz leer. »Wo ist denn heute die Zäzilie?« Die Klasse schweigt. »Hat sie denn niemand gesehen?« Vielleicht ist sie wieder krank, überlegt der Lehrer. »Ihre Mutter wird sie schon noch entschuldigen.« Bevor er mit dem Unterricht beginnt, läßt Sellwanger die Klasse ein »Vaterunser« für Zäzilie beten. »Wollen wir hoffen, daß sie bald wieder gesund wird.«

Am Sonntag fehlen die Hinterkaifecker in der Kirche. Einigen Nachbarn fällt es auf. Bisher hatten sie immer pünktlich die Messe besucht. Aber trotzdem macht sich niemand große Gedanken darüber. Sie können ja zu Verwandten auf Besuch gefahren sein.

Als am Montag Postschaffner Josef Mayer in den Hof der Einöde radelt, ist es totenstill. Das Vieh im Stall brüllt unruhig. Es ist etwa 8.30 Uhr. Der Beamte lehnt sein Rad an die Hauswand. Mit der neuesten Ausgabe des Schrobenhausener Wochenblattes geht er zum Küchenfenster. Josef Mayer hat mit dem alten Gruber ausgemacht, daß er die jeweils am Montag, Mittwoch und Freitag erscheinende Zeitung wie alle übrige Post ans Küchenfenster steckt.

Kurz sieht er durch die Scheiben. Das Zimmer ist menschenleer. Und noch etwas fällt ihm auf. Der Kinderwagen mit dem kleinen Josef, der sonst immer um diese Zeit in der Küche steht, ist nicht da. Wo die wohl alle sind, denkt sich der Beamte und radelt weiter. Im Weiterfahren bemerkt er, daß gar kein Rauch aus dem Schornstein steigt.

Zur selben Zeit fragt Lehrer Sellwanger seine Klasse abermals nach Zäzilie. Doch niemand hat die Siebenjährige gesehen. »Die waren gestern auch gar nicht in der Kirche«, meldet sich ein Mädchen in der ersten Bank. »Wir haben uns sonst immer vor dem Gottesdienst getroffen und sind gemeinsam gegangen.« Und ein Bub weiß: »Meine Mutter wollte die junge Frau Gabriel etwas fragen, aber auch die war nicht in der Kirche.« Kopfschüttelnd beginnt Georg Sellwanger mit dem Unterricht.»Jetzt fehlt das Kind schon den zweiten Tag unentschuldigt.«

Mit einer knatternden Maschine erscheint am Dienstagnachmittag gegen 14 Uhr der Monteur Hofer aus Pfaffenhofen auf dem Einödhof. Andreas Gruber hat ihn vor einigen Tagen bestellt. Er soll einen Benzinmotor richten. Vor dem Wohngebäude stellt Hofer sein Motorrad ab, klopft an die Haustüre.

Dann geht er um den ganzen Hof und schreit immer wieder: »Hallo, hallo, hallo. . .« Als sich nichts rührt, versucht er es am Fenster. Wieder klopft er. Achselzuckend nimmt er seine schwarze Reparaturtasche vom Rücksitz der Maschine und will die Motorhütte öffnen. Sie ist abgesperrt. »Die sind ja lustig«, entfährt es ihm, »bestellen mich her und sind dann nicht da.« Kurzentschlossen bricht er das Schloß auf. »Aha – da ist sie ja.« Hofer geht auf eine Futterschneidmaschine zu, die in der hintersten Ecke des Raumes steht. Die Türe zu der Hütte hat er ganz weit aufgemacht, damit er auch etwas sieht.

Mehrmals versucht er, den Motor in Gang zu bringen. Er streikt. Mit geübten Griffen öffnet er eine Schraube, nimmt dort eine Klemme ab, zieht einen langen Metallstift heraus.

Als er sich gerade nach seiner Tasche bückt, um einen Schraubenschlüssel zu suchen, ist ihm, als wäre eben jemand an der offenen Türe vorbeigehuscht. Hofer geht mit dem Werkzeug in der Hand hinaus. Niemand ist zu sehen. Er kratzt sich mit dem Schraubenschlüssel die Stirn. »So was, da muß ich mich getäuscht haben.«

Nach etwa 20 Minuten baut er die Teile wieder zusammen und wirft den Motor an. Er läuft. Der Monteur probiert es noch zweimal und packt dann sein Werkzeug ein.

»Immer noch niemand da?« Hofer tritt ins Freie, sieht sich um. Das Wetter hat sich nach kurzer Beruhigung wieder verschlechtert. Am Samstag und am Sonntag hatte es überraschend geregnet. Jetzt ist das Thermometer erneut gesunken. Regen- und Schneeschauer wechseln sich ab. Die Luft ist erfüllt vom Gekreische der Saatkrähen. In dichten Scharen fallen die großen, schwarzen Vögel über die Felder her.

Aus dem Stall dringt das Gebrüll der Tiere. Der Mann sucht einen Wasserkübel, um sich die ölverschmierten Hände zu waschen. Er schaut durch das Fenster in den Stall. Die Kühe gebärden sich selt-

33

sam. Aber auch die Ochsen, Stiere und Jungrinder zerren wie verrückt an ihren Ketten. Die erdrosseln sich noch selbst, denkt sich der Monteur. Als er nichts findet, wischt er sich seine Hände mit einem alten Lappen ab, den er in seiner Werkzeugtasche hat. Dann fährt er auf dem Feldweg in Richtung Gröbern.

Am ersten Hof auf der rechten Seite hält er. Es ist das Anwesen des Gröberner Ortsführers Lorenz Schlittenbauer. Vor dem Haus stehen gerade dessen zwei Töchter Maria und Viktoria. »Mädel«, ruft er ihnen vom Motorrad herunter zu, »ich hab' gerade in Hinterkaifeck einen Motor repariert. Wenn ihr die Hinterkaifecker seht, sagt's ihnen doch, daß die Maschine wieder geht.«

Wenig später sitzt die ganze Familie Schlittenbauer bei der Brotzeit in der Küche. Unterm Essen erzählen die beiden Mädchen, was ihnen der Monteur ausgerichtet hat. Nach kurzem Überlegen murmelt Lorenz Schlittenbauer: »Seltsam. Die Hinterkaifecker können doch nicht alle weg sein.« Da fällt ihm ein, daß er sie am Sonntag in der Kirche auch nicht gesehen hat. »Komm«, sagt er zu seinem 16jährigen Sohn Johann, »lauf mal schnell nach Hinterkaifeck und schau nach, wo die sind.«

Gemeinsam mit seinem neun Jahre alten Stiefbruder Josef macht sich Johann auf den Weg. Gegen 15.30 Uhr stehen sie vor der Einöde. Die beiden Buben versuchen es an den Türen – alle sind verschlossen. Sie sehen durch die Fenster ins Haus und in den Stall – niemand ist da. Sie gehen um den Hof herum – nichts. Dann laufen sie ein Stück hinauf zum Wald und schreien so laut sie können: »Anderl, Viktoria. . .« Den Buben wird es langsam unheimlich. Rasch treten sie den Heimweg an.

Lorenz Schlittenbauer ist gerade im Stadel. Atemlos berichten seine zwei Söhne, daß in Hinterkaifeck sich nichts rührt. »Habt ihr auch überall nachgeschaut«, will er von ihnen wissen. »Ja, ja bestimmt«, antwortet Johann, »wir sind sogar zweimal ums Haus.«

»Da muß man etwas tun!« Lorenz Schlittenbauer stellt den Rechen, den er reparieren wollte, wieder in die Ecke. Als Ortsführer fühlt er sich verpflichtet, selbst nach dem Rechten zu sehen.

Von einer dumpfen Ahnung getrieben, alarmiert Schlittenbauer noch zwei Männer, die sich zufällig in der Nähe seines Hofes aufhalten: den Landwirt Jakob Sigl und den Gütler Michael Pöll. Minuten später sind die drei Erwachsenen und die beiden Söhne des Ortsführers auf dem Weg nach Hinterkaifeck.

Schlittenbauer, Sigl und Pöll dringen durch das äußere Tor des Maschinenhauses in den Stadel ein. Die beiden Buben bleiben draußen. Durch eine mit Gerümpel verstellte Türe stoßen sie in den Getreidestadel vor. Schon von weitem hören sie das Vieh brüllen.

Plötzlich stolpert Sigl, stürzt zu Boden. Mühsam richtet er sich wieder auf, sieht nach. Da – versteckt unter einer dünnen Lage Heu liegt eine Türe. Sekunden später hören Schlittenbauer und Pöll einen langgezogenen Schrei. Der Ortsführer war schon in den Stall vorausgegangen. Jetzt rennt er zurück. Jakob Sigl steht erstarrt im Stadel, hält sich die rechte Hand vors Gesicht und deutet mit der andern auf den Boden.

»Das ist doch, das sind doch . . . um Gotteswillen.« Michael Pöll fehlen die Worte. Er bringt keinen Ton mehr hervor. Unter der Türe ragen zwei nackte Beine hervor. Von Entsetzen gepackt stürzen die Männer ins Freie. Dann überwinden sie sich. Zitternd heben sie die alte Türe hoch. Blutverkrustet liegen vor ihnen mit dem Gesicht zu Boden die alte Gruberin, Viktoria Gabriel, die kleine Zäzilie und quer darüber Andreas Gruber. Alle Leichen haben am Kopf klaffende Wunden.

Das Entsetzen lähmt die Männer minutenlang. Dann nehmen sie stumm ihre Hüte vom Kopf, wenden sich ab.

Während Pöll und Sigl, von dem Grauenhaften geschüttelt, ins Freie hasten, dringt Schlittenbauer über den Stall ins Wohngebäude vor. Von innen öffnet er die Haustüre. Als auch die beiden Buben eintreten wollen, hält Pöll den 16jährigen Johann an der Schulter fest und sagt: »Buben, wenn's draußen bleiben tät's, wär es besser.« Doch zusammen mit den Männern drängen sie in den schmalen Hausgang.

In der Küche sieht es aus, als wären die Hinterkaifecker nur kurz weggegangen. Auf dem Abreißkalender an der vergilbten Wand hängt das Blatt vom 1. April. Die Standuhr tickt nicht mehr. Am Fenster steckt noch die Zeitung vom Montag.

In Viktorias Kammer stoßen sie auf den Kinderwagen. Das Dach ist völlig zerfetzt, eine kleine Hand ragt über den Rand des Wagens.

Der Ortsvorsteher macht einige Schritte zurück. »Bleibt's draußen«, sagt er tonlos zu den andern. An seinen Augen erkennen sie, daß auch der Bub tot ist. »Der Wahnsinnige hat den ganzen Wagen zerschmettert.«

Als sie weiterhasten, fragt Pöll: »War denn noch jemand im Haus?« Da stehen sie auch schon vor dem Dienstbotenzimmer. Sekundenlang traut sich keiner der Männer zu öffnen. Schlittenbauer faßt sich ein Herz. Mutig drückt er die Klinke, schiebt die Türe vorsichtig auf.

Maria Baumgartner liegt vor ihrem Bett auf dem Boden. Sie ist vollständig bekleidet. Sogar ihre schwarzen Schnürschuhe hat sie noch an. Der Kopf der Frau liegt halb unter dem Bett. Der Ortsführer rückt einen Stuhl beiseite und beugt sich über die Tote.

»Wer ist denn das . . . haben die Hinterkaifecker Besuch gehabt?« Jakob Sigl steht nun ebenfalls neben der Leiche. »Das muß die neue Magd sein«, bemerkt Schlittenbauer. »Sie sollte am Samstag anfangen.« Die drei Männer und die Buben starren sich wortlos an. »Wir müssen sofort die Gendarmerie in Hohenwart verständigen«, sagt dann Lorenz Schlittenbauer.

»Ihr lauft gleich nach Wangen, zum Bürgermeister Greger. Sagt's, er soll die Polizei alarmieren und dann kommen.« Schlittenbauer schaut seine zwei Söhne an. »Aber schickt's Euch.«

So schnell sie können, laufen der 16jährige Johann und sein Bruder Josef quer über die Felder nach Wangen. Sie treffen Georg Greger auf seinem Hof an. »Alle tot, alle sind tot . . .«, stammeln die Buben aufgeregt. Verwirrt schaut der Bürgermeister sie an. »Wer ist tot — wo?« Es dauert einige Zeit, bis der Mann das Furchtbare glaubt. Aufgeregt schreit er seiner Frau, seinem Knecht. »Ruft die Polizei, rasch, ich muß gleich nach Hinterkaifeck.«

Die beiden Buben sind schon wieder draußen. Einem Radler, der gerade vorbeikommt, erzählen sie die Neuigkeit. Der Mann läßt beide aufsteigen. Da muß er hin. So etwas hat es ja noch nie gegeben. Allen Leuten, denen sie begegnen, rufen sie zu: »In Hinterkaifeck sind alle umgebracht worden, alle sind tot. . .«

Die Nachricht von dem schrecklichen Verbrechen verbreitet sich in Windeseile. Mit Sensen, Dreschflegeln, Mistgabeln und Prügeln be-

waffnete Menschen eilen aus allen Himmelsrichtungen zu der Einöde. Als endlich zwei Gendarmen aus Hohenwart kommen, wimmelt
es schon von Neugierigen. Einige sind auch ins Haus und den Stall gegangen, um die Leichen anzuschauen. Die zwei Polizisten sperren sofort alle Eingänge ab. Dann sagt einer der Beamten zum Ortsvorsteher Schlittenbauer: »Von Schrobenhausen muß gleich Verstärkung
kommen.«

# VII.
## Ein neuer Überfall

Bei der Kriminalabteilung der Polizeidirektion München ist nur noch der Bereitschaftsdienst da. Außer Kleinkram gibt es für den Beamten vom Dienst nichts zu tun. Plötzlich schrillt das Telefon. Ein Ferngespräch. »Was – das kann doch nicht sein.« Der Beamte, der den Hörer abgenommen hat, ist ganz aufgeregt. »Ich habe verstanden, jawohl Herr Kollege. Ich werde selbstverständlich alles weitere veranlassen.« Einem zweiten Beamten, der im gleichen Raum sitzt, ruft er zu: »Schnell, schick einen Streifenwagen zum Chef, bei Schrobenhausen ist ein sechsfacher Mord entdeckt worden.«

Etwa zur selben Zeit klingelt auch bei der Staatsanwaltschaft Neuburg das Telefon. Erster Staatsanwalt Renner, der gerade das Beweismaterial für einen Notzucht-Fall studiert, nimmt die Schreckensnachricht entgegen. Er findet in einem anderen Zimmer noch den jungen Kanzleiassistenten Heinrich Ney, der Überstunden macht. »Wir brauchen einen Wagen, schnell, wir müssen nach Waidhofen.«

Erst als Ney den Juristen ungläubig anschaut, klärt der ihn kurz auf. »Rufen Sie den Mietautobesitzer Schwimmbacher an, der soll uns fahren. Und geben Sie auch Landgerichtsarzt Dr. Aumüller Bescheid. Der muß auch mit.«

Mit einigen Leuten vom Erkennungsdienst sitzt wenig später auch Oberinspektor Reingruber im Auto, das ihn nach Hinterkaifeck bringen soll. Der vitale Fünfziger ist Leiter der Münchner Mordkommission. Drei weitere Experten mit zwei Fährtenhunden folgen in einem anderen Fahrzeug.

Suchend fressen sich die Scheinwerfer in die Dunkelheit. Da taucht ein Ortsschild auf. Reingruber hat es zu spät gesehen. »Wo sind wir eigentlich?«, wendet er sich an den Fahrer.

»Kurz vor Pfaffenhofen an der Ilm.« Der Oberinspektor atmet überdeutlich. »Können Sie denn nicht etwas schneller fahren.« Der Chauffeur zuckt die Schultern. »Tut mir leid. Mehr schafft der Wagen nicht.«

Etwa eine Stunde nach Mitternacht sind sie in Hinterkaifeck. Oberinspektor Reingruber stellt sich der Gerichtskommission aus Schrobenhausen vor, die drei Stunden vor ihm eingetroffen ist. Oberamtsrichter Wiesner, dessen Assistent Hirschmann, Gerichtsinspektor Glaser und die Gendarmerie-Wachtmeister Hans Anneser und Großmann reichen dem Kriminalisten die Hand. Auch mit den Herren aus Neuburg wechselt er einige Worte.

Die Szene ist gespenstisch. Trotz des Schneeschauers, der eben niedergeht und der Kälte scharen sich noch mindestens hundert Neugierige um den Hof. Eine Gruppe von jüngeren und älteren Frauen betet laut im Schein von Wachslichtern den Schmerzhaften Rosenkranz. »Schickt doch die Leute heim«, sagt Reingruber zu einem Gendarmen, der den Hauseingang bewacht, »die bekommen nichts zu sehen.«

»Haben wir schon versucht. Die Leute weigern sich zu gehen. Sie wollen Totenwache halten, haben sie gesagt.«

Reingruber teilt seine Leute ein. »Ich brauche alle Spuren, auch die allerwinzigste«, schärft er ihnen ein. »Vielleicht haben wir schon bald den Mörder.«

Dann läßt sich der Oberinspektor von den Herren der Kommission des Amtsgerichts Schrobenhausen ausführlich über den letzten Stand der Ermittlungen unterrichten. Als Motiv, so hört er, dürfte Raubmord in Frage kommen. Die Hinterkaifecker waren ziemlich vermögend. Außerdem war das Schlafzimmer durchwühlt. Was alles fehlt, kann noch niemand genau sagen.

Gegen drei Uhr morgens zieht sich die Gerichtskommission in die Wohnstube der Einöde zurück. Oberamtsrichter Wiesner diktiert ein Augenschein-Protokoll. Die Juristen, Angestellten und Kripo-Beamten sitzen um den gleichen Tisch, um den vor vier Tagen noch die Hinterkaifecker saßen. Doch kaum jemand wagt zu dieser nächtlichen Stunde daran zu denken.

Kaum ist es draußen hell, geht die Kommission wieder in den Stadel. Immer noch harren Schaulustige vor der Einöde aus. Oberamtsrichter Wiesner hat einen zweiten Lokaltermin anberaumt.

Die Kommission besichtigt noch einmal den Fundort der Leichen und rekonstruiert, wie der Täter ins Haus gelangt sein könnte. Winselnd geht der Wachhund der Hinterkaifecker den Männern aus dem Weg. Wiesner winkt einem Gendarmen: »Fangen Sie doch mal das Tier.«

Kaum hat der Beamte seine Hände nach dem gelben Spitz ausgestreckt, schnappt dieser auch schon zu. Zu zweit halten sie schließlich den Hund fest. Wiesner deutet plötzlich triumphierend auf den Kopf des Tieres. »Aha, das dachte ich mir doch.« Da sehen es auch die anderen Mitglieder der Kommission. Der Spitz hat ebenfalls einen Schlag abbekommen. Sein rechtes Auge ist getrübt und stark angeschwollen.

Der Oberamtsrichter ruft dem Protokollführer. Mitten auf dem Hof diktiert er ihm: »Der Hund zeigt große Angst und zittert, zieht den Schwanz ein und krümmt sich zusammen. Auch schnappt er nach jedem, der ihn berühren will. Der Richter hat sich davon persönlich überzeugt. . .«

»Lassen Sie uns doch noch einmal den Weg machen, den die Opfer gegangen sind.« Oberamtsrichter Wiesner übernächtigt, aber von großer Unruhe gepackt, bittet die Mitglieder der Kommission zur Haustüre.

Schweigend gehen die Männer über den Hof. Staatsanwalt Renner hat sich gerade nochmal die sechs Leichen angeschaut. Jetzt sieht er sie in Gedanken den gleichen Weg gehen. Für Sekunden werden vor seinen Augen die Toten lebendig.

Aufgeregt baut sich vor der Kommission ein Gendarm auf, haut die Hacken zusammen und salutiert stramm. »Melde interessante Entdeckung auf dem Speicher.«

Sofort begibt sich die Gruppe in den Stall, klettert auf der Leiter hoch. Der Protokollführer muß dem Oberamtsrichter helfen. Der riesige Speicher erstreckt sich über sämtliche Nebengebäude und das Wohnhaus. Er ist durch keine Brandmauer oder Trennwand unterbrochen.

Vor einem Heuhaufen steht bereits Oberinspektor Reingruber. Stumm zeigt er auf den Boden. »Das sind doch, . . . tatsächlich. Hier haben zwei Menschen gelegen.« Oberamtsrichter Wiesner freut sich. »Gut gemacht, prima«, lobt er einen Uniformierten und klopft ihm anerkennend auf die Schulter.

Die Mulden, in denen sich die Mörder versteckt gehalten haben, sind noch deutlich zu erkennen. »Meine Herren«, schaltet sich jetzt Oberinspektor Reingruber ein, »das ist noch nicht alles.«

Erneut bittet er die Kommission, genau auf den Boden zu sehen. Dort ist, von den Liegestellen bis zum Getreidespeicher, Heu auf die Bretter gestreut. Die Täter wollten damit ihre Schritte dämpfen. Niemand sollte sie hören.

Doch die größte Überraschung hat sich der Kriminalist zum Schluß aufgehoben. Er führt die Gruppe auf dem ausgestreuten Heu wie auf einem Teppich zum Kamin. Hier sind zwei Dachziegel zurückgezogen worden. Staatsanwalt Renner stellt sich auf die Zehenspitzen, schaut gespannt hinaus. »Das ist ja unglaublich . . . von hier aus kann man den ganzen Hof überblicken.«

Völlig überraschend mit diesen Entdeckungen konfrontiert, überlegt Oberamtsrichter Wiesner kurz. Dann bittet er die Kommission zu einer Besprechung in das Mordhaus.

In der Wohnstube wird er förmlich. »Meine Herren«, erklärt er mit tiefer Stimme, »damit dürfte feststehen, daß wir es mit zwei Tätern zu tun haben. Aber nicht mit irgendwelchen Tätern, sondern mit besonders kaltblütigen, die zu allem fähig sind.«

Am Nachmittag hat die Kommission einen ersten groben Überblick, was gestohlen wurde: einige hundert Mark Papiergeld. Die Unbekannten hatten lediglich einen Schrank im Schlafzimmer durchwühlt und dabei eine Brieftasche geplündert. Alles Gold- und Silbergeld sowie der Schmuck und die übrigen Wertsachen waren nicht angetastet worden. Das Geld liegt in einer Blechbüchse in einem alten Schrank. Dieser steht in einer düsteren Kammer im ersten Stock und ist durch Getreidesäcke verstellt.

»Raubmord?!« Oberinspektor Reingruber zuckt die Schultern. Vor dem Hof liegt ein großer Stapel Balken und Bretter. Das bedeutet: die Hinterkaifecker wollten bald bauen. Einem Unternehmer soll Viktoria Gabriel deutlich gemacht haben, sie könne »bar bezahlen«.

»Wir wissen nicht«, belehrt Reingruber die Kommission, »wer noch alles von dem Geld im Hause wußte. Es treibt sich so viel Gesindel im Land herum.«

Auf dem Hof hat sich Landgerichtsarzt Dr. Aumüller mehrere Tische aus dem Haus aufstellen lassen. Dann läßt er die Leichen bringen. Genau untersucht der Mediziner die Opfer. »Ein trauriges Handwerk«, sagt er zu einem von zwei Gendarmen, die neben ihm stehen und die bereits sezierten Toten auf einer Bahre wieder in die Tenne tragen.

Die beiden Uniformierten haben die Leiche des alten Gruber, seiner Frau und der Viktoria Gabriel bereits in den Stadel gebracht. Jetzt tragen sie das kleine Mädchen hinüber. Neben ihnen geht Kanzleiassistent Heinrich Ney. Als die Männer die offenstehende Tenne betreten, stoßen sie auf ein daumenstarkes Heuseil, das vom Dachboden herunterbaumelt.

Die beiden Gendarmen erschrecken. Für einige Sekunden wankt die Bahre. Fast wäre die Leiche der kleinen Zäzilie heruntergefallen. Erschrocken ruft einer von ihnen: »Das Seil war doch vorher noch nicht da – wo kommt denn das auf einmal her?«

Heinrich Ney ruft aufgeregt nach Oberinspektor Reingruber. Das Seil ist an einem verstaubten Querbalken befestigt. Dort sind auch noch die Abdrücke von Händen zu erkennen. »Das hat jemand zur Flucht vorbereitet«, sagt Reingruber. Die beiden Uniformierten sind noch ganz verwirrt. Der Oberinspektor beruhigt sie: »Das Seil war sicher vorher schon da, ihr habt es halt in der Aufregung übersehen.«

Am Nachmittag liefert der Landgerichtsarzt einen ersten Bericht über die Sezierung. »Aufgrund der vorgefundenen Verletzungen«, beginnt er ernst seinen Vortrag, »läßt sich sagen, daß alle Opfer erschlagen wurden.« Zur Tatwaffe will er sich nicht näher äußern. »Vermutlich eine Hacke oder so etwas ähnliches – aber ich möchte mich da noch nicht festlegen. Sie werden das verstehen, meine Herren.«

»Die Tatwaffe«, hakt Oberinspektor Reingruber ein, »ist ein Punkt, an dem wir nicht weiterkommen.«

»Und die Hunde?«, will da Oberinspektor Wiesner wissen.

»Auch unsere Fährtenhunde haben nichts gefunden. Ich habe den Hof bereits dreimal absuchen lassen. Unsere Beamten haben auch die nähere Umgebung inspiziert. Sogar den Brunnen haben wir mit langen Stangen abgetastet.«

Plötzlich klopft es an der Tür. »Ich habe doch gesagt, daß ich jetzt nicht gestört werden will.« Oberamtsrichter Wiesner ist sauer. Da tritt auch schon ein Beamter der Münchner Mordkommission ein. »Was gibt es denn wichtiges?«

»Da draußen«, beginnt der Beamte, »steht ein Mann, der noch einen Tag nach der Tat am Hause Verdächtiges bemerkt hat. Ich dachte, das wäre wichtig.«

»Was ist das für ein Zeuge?«

»Er heißt Michael Plöckl und ist Knecht auf der nur knapp zwei Kilometer entfernten Einöde Haidhof.«

»Bringen Sie den Mann herein.«

Etwas verlegen steht Michael Plöckl wenig später vor der Kommission. »Was also haben Sie genau gesehen?«, wendet sich der Oberamtsrichter an ihn.

»Ich bin am Samstag, den 1. April, morgens an Hinterkaifeck vorbeigegangen. Da war die Türe am Backofen, der am Weg steht, geschlossen. Als ich abends wieder zurückkam, war sie halboffen. Außerdem hat der Kamin leicht geraucht. Als ich mich umdrehte, sah ich am Wald mehrmals ein Licht aufblitzen – es könnte eine Taschenlampe gewesen sein.«

Auf einen Wink von Wiesner hin wird der Zeuge wieder hinausgeführt. Dann erklärt der Oberamtsrichter: »Diese Aussage beweist erneut, daß wir es mit äußerst gefährlichen Verbrechern zu tun haben. Wir werden es nicht leicht haben.«

»Entschuldigung, wenn ich unterbreche, aber da fällt mir etwas ein, was unbedingt hier dazu gehört.« Alle schauen auf Oberinspektor Reingruber. »Meine Leute haben in der Räucherkammer auf dem Speicher oberhalb der Küche zwölf Stück Rauchfleisch gefunden. Von einem war ganz frisch die Hälfte abgeschnitten. Das könnte heißen: Die Mörder haben sich nach dem Verbrechen noch einige Zeit im Haus aufgehalten und sogar noch Brotzeit gemacht. Sie müssen sich sehr sicher gewesen sein, nicht entdeckt zu werden.«

»Kein Wunder«, wirft Bürgermeister Greger ein, »die Menschenscheu der Hinterkaifecker ging ja so weit, daß sie sogar die Leute von Gröbern gemieden haben. Und daß die eine neue Magd eingestellt hatten, habe ich gestern zum erstenmal gehört. Eigentlich hätten die das ja beim Bürgermeisteramt melden müssen. Wen wundert es da noch, daß die Tat so lange unentdeckt blieb.«

Es ist einige Minuten still im Raum. Vor dem Haus stehen immer noch Dutzende von Neugierigen. Frauen aus der Nachbarschaft beten. Dann meldet sich wieder Oberinspektor Reingruber zu Wort. »Interessant ist ja, was die Leute so reden. Alle glauben sie, daß ein Einheimischer der Mörder war. Denn ihrer Ansicht nach ist das Vieh nach dem Verbrechen von den Tätern gefüttert worden. Ich bin zwar kein Landwirt und verstehe von der Tierhaltung nichts, aber alle Befragten erklärten, daß das Vieh schon stark brüllt, wenn es nur einmal nicht gefüttert und getränkt wird. Und die Zeugen, die in den beiden ersten Tagen nach dem Mord an der Einöde vorbeikamen, haben nichts Auffälliges gehört.«

»Nach Aussagen von Zeugen«, erklärt der Oberamtsrichter, »hat Andreas Gruber bereits am Donnerstag nach Spuren gesucht. Er hat sich auch dahingehend geäußert, daß er wohl die Spur her-, aber nicht wegführen sah. Das müßte eigentlich den sonst sehr argwöhnischen Mann zur Vorsicht veranlaßt haben. Nichts wäre einfacher gewesen, als ins Dorf zu gehen, dort einige Nachbarn zu verständigen und sie zu ersuchen, mit ihm das Haus abzusuchen. Gruber hat es, offensichtlich wegen seiner Art, Menschen zu meiden, nicht getan.«

Dann spricht Wiesner das Schreckliche aus. Schrecklich nicht nur deshalb, weil sechs unschuldige Menschen sterben mußten, sondern vor allem, weil ihr Tod hätte verhindert werden können.

»Die Täter, davon kann man ausgehen, haben zwei Tage lang vom Speicher aus ihre Opfer beobachtet. Sie waren praktisch über jeden Schritt der Hinterkaifecker informiert. Und sie haben kaltblütig gewartet, bis alle Bewohner des Hofes im Haus waren und erst dann ihren furchtbaren Plan ausgeführt.«

»Sind denn die Bewohner nicht nach dem ersten Mord durch laute Hilfeschreie gewarnt gewesen?«, will Staatsanwalt Renner wissen. »Das haben wir alles schon überprüft«, entgegnete ihm Wiesner. »Noch bevor Sie kamen, war ich in der Magdkammer und habe am Fundort der Leichen von zwei Gendarmen Geschrei machen lassen. Ich habe nichts gehört. Eventuelle Hilferufe dürften außerdem im viel lauteren Brüllen der Tiere untergegangen sein.«

44

Während in Hinterkaifeck Polizei und Gericht fieberhaft an der Aufklärung des Verbrechens arbeiten, geht an die Presseagenturen eine erste Meldung über den sechsfachen Mord.

Als einziges deutsches Blatt schickt die »Neue Augsburger Zeitung« einen Reporter nach Hinterkaifeck. Der 30jährige Lokalredakteur Hans Lautenbacher hat vormittags von seinem Chef die Agenturmeldung auf den Tisch und den Befehl bekommen: »Fahren Sie sofort los. Das muß noch morgen groß auf Seite fünf.«

Mit dem Fahrrad macht sich Lautenbacher auf die rund 40 Kilometer lange Strecke. Es ist windig und regnet. Die Straßen sind nicht die besten. Trotzdem ist der junge Reporter nach etwa drei Stunden vor dem Einödhof. Den Beamten, die ihn zurückhalten wollen, zeigt er seinen Presseausweis. Dann darf er ins Haus.

Am späten Nachmittag macht sich der Journalist auf die Rückfahrt nach Augsburg. Er hat Gegenwind und tritt fest in die Pedale, um vorwärtszukommen. In Gedanken formuliert er bereits den Bericht, den er anschließend in der Redaktion heruntertippen muß. Lautenbacher ahnt nicht, daß sich in Hinterkaifeck die Ereignisse dramatisch zugespitzt haben.

Mit mehrstündiger Verspätung ist die Kommission von einem Raubmordversuch in Niederarnbach informiert worden – nur wenige Kilometer von Hinterkaifeck entfernt.

Zwei Männer hatten an die Türe des einsam gelegenen Wohnhauses des Schloßtaglöhners Stadler geklopft und nach dem Weg nach Pobenhausen gefragt. Als ihnen der 50jährige öffnete, traf ihn ein harter Schlag auf den Kopf. Kaum war Stadler wieder zu sich gekommen, packten ihn die Banditen, stießen wüste Morddrohungen aus und forderten Geld.

In diesem Augenblick kam die Frau des Schloßtaglöhners dazu. Auch ihr wurde mit dem Erschießen gedroht. Seelenruhig durchsuchten die Männer die ganze Wohnung, bis sie 2100 Mark fanden. Dann verschwanden die Gangster mit ihrer Beute. Einer war maskiert, der andere hatte sich das Gesicht mit Ruß geschwärzt.

Blutüberströmt schleppte sich der Überfallene zu der über einen Kilometer entfernten Bahnstation außerhalb des Ortes. Seine Frau hatte einen Schock erlitten. Zwei Gendarmen, die sich zufällig dort aufhielten, nahmen sofort die Verfolgung auf. Als diese ergebnislos verlief, forderten sie einen der Münchner Polizeihunde an. Doch in den dichten Wäldern verlor das Tier die Fährte.

Gegen Abend ist Oberinspektor Reingruber um eine Hoffnung ärmer. »Nach allem, was wir herausgefunden haben, dürfte es sich in diesem Fall um andere Täter handeln.« Oberamtsrichter Wiesner, der wegen dieses aktuellen Geschehens länger als geplant in Hinterkaifeck geblieben ist, stimmt dem Kriminalbeamten zu. »Nach einem sechsfachen Mord nur wenige Kilometer weiter auch noch ein neues Verbrechen zu begehen, das halte ich ebenfalls für sehr unwahrscheinlich. Aber halten Sie mich trotzdem auf dem laufenden. Sie wissen ja, wo Sie mich jederzeit erreichen können.«

Dennoch geht Reingruber jeder Spur nach, läßt nichts unversucht. Von den örtlichen Gendarmen erfährt er, daß bereits am Samstag, den 1. April, in Hagau bei Ingolstadt zwei Männer den Söldner Kögl überfallen wollten. Sie flohen jedoch, als dessen Frau Alarm schlug.

Sofort besorgt sich der Oberinspektor die Personenbeschreibungen. Ein Vergleich ergibt, daß die Täter von Hagau und Niederarnbach die gleichen sein könnten.

# VIII.
## Blutschande auf dem Einödhof

Der 6. April 1922 ist ein Donnerstag. Das Wetter hat sich gebessert. Erstmals seit langem lacht wieder die Sonne vom Himmel. Es sieht so aus, als könnte es endlich Frühling werden.

In Hinterkaifeck geht die nüchterne Routinearbeit der Polizei weiter. Zu der Einsatzgruppe sind mittlerweile auch Kriminalisten aus Augsburg gestoßen. Doch es gibt nichts Neues.

Bis Freitag hat sich die Situation kaum verändert. Oberinspektor Reingruber ist am Verzweifeln. Er hat sich nach Waidhofen zurückgezogen. Dort gibt es das einzige Telefon weit und breit.

Punkt zehn Uhr klingelt es. Am Apparat ist Erster Staatsanwalt Renner. »Ich wollte Ihnen nur mal das Ergebnis von drei Leichenöffnungen mitteilen – schreiben Sie mit. Also, die alte Gruberin hat sieben Schläge auf den Kopf erhalten. Außerdem ist sie gewürgt worden. Der Viktoria Gabriel haben die Täter mit einem stumpfen Gegenstand die rechte Gesichtshälfte eingeschlagen. Bis auf die kleine Zäzilie dürften alle Opfer sofort tot gewesen sein. Dr. Aumüller ist ziemlich sicher, daß das Mädchen nach den Hieben noch mindestens zwei bis drei Stunden lebte.«

Reingruber hält wie geistesabwesend den Hörer in der linken Hand. Er bringt nur ein »schrecklich« hervor. Als Staatsanwalt Renner sich nach Fortschritten erkundigt, antwortet der Oberinspektor: »Sie werden jetzt enttäuscht sein, aber es gibt überhaupt nichts. Es ist deprimierend. Meine Leute und alle übrigen Kollegen tun das Beste. Aber der Vorsprung der Mörder ist einfach zu groß. Das erschwert die Fahndung enorm.«

Gegen 14 Uhr gibt es eine erste heiße Spur. Ein Radfahrer hatte in der Mordnacht wenige Kilometer vom Tatort entfernt eine unheimliche Begegnung.

Der Mann fuhr am 1. April nachts um 2.30 Uhr auf der Straße Brunnen – Schrobenhausen, etwa eineinhalb Fußstunden von Hinterkaifeck entfernt. Plötzlich sah er in der Dunkelheit zwei Burschen auf sich zukommen. Als der Radler nur noch wenige Meter von ihnen entfernt war, sprang der eine in den Straßengraben und verdeckte sein Gesicht mit einer Mütze. Der andere drehte sich schnell um.

Soweit der Zeuge beide sehen konnte, waren sie 22 bis 23 Jahre alt. Einer war etwa 1,70 Meter groß und schlank. Er trug einen dunkelbraunen Anzug, eine Mütze und war ohne Gepäck. Der zweite war etwas kleiner. Er trug einen Hut und auf dem Rücken einen Rucksack. Der Zeuge glaubte erkannt zu haben, daß es ein verschnürter Mantel war.

Der Oberinspektor ist zufrieden. Zum erstenmal hat er etwas Konkretes in der Hand. Und sogar eine gar nicht so schlechte Personenbeschreibung. »Würde der Zeuge die beiden Männer wiedererkennen?«, fragt er seinen Assistenten. Dieser nickt. »Der Mann hat bei seiner Vernehmung sogar gesagt, er könnte sich diese Gesichter hundert Jahre lang merken.«

Da fällt dem Kriminalisten die Aussage von Michael Plöckl ein. Dieser hatte am 1. April abends – also fast 24 Stunden nach dem Verbrechen – Rauch aus dem Einödhof steigen sehen. Die mysteriöse Begegnung des Radlers mit den beiden Männern dagegen fand nur knapp fünf Stunden nach dem sechsfachen Mord statt. »Verdammt«, entfährt es da Reingruber und er klopft mit der Faust auf den Schreibtisch, »hat sich denn alles gegen uns verschworen.«

Bei der Staatsanwaltschaft in Neuburg meldet sich etwa um diese Zeit ein Hellseher aus Nürnberg. Renner läßt sich sofort das Gespräch geben. »Ich könnte«, sagt der Anrufer, »die Mörder finden.« Der Staatsanwalt überlegt kurz. Sie sind noch keinen Schritt weitergekommen. Warum nicht? Er merkt gleich, daß der Mann es auf die zu erwartende Belohnung abgesehen hat. Dann stellt der Hellseher seine Bedingungen: »Ich brauche dazu die sechs Köpfe der Opfer.«

Staatsanwalt Renner bespricht sich telefonisch mit der Schrobenhausener Gerichtskommission. Dann ruft er den Mann in Nürnberg zurück. »Einverstanden. Aber können Sie nicht nach Hinterkaifeck kommen?«

»Ausgeschlossen. Wissen Sie, Erfolge gelingen mir nur in meinen vertrauten vier Wänden. Ich brauche diese Atmosphäre zur Inspiration. Verstehen Sie das?«

Renner gibt nach. Wenig später ist Landgerichtsarzt Dr. Aumüller nochmal auf dem Mordhof. Er trennt den sechs Leichen die Köpfe vom Rumpf und läßt sie von einem Kripo-Beamten sofort ins Pathologische Institut der Universität München bringen. Die Professoren dort hat er bereits telefonisch verständigt und sie gebeten, die Köpfe baldmöglichst präpariert an ihn zurückzuschicken.

Am Freitagabend bringt ein Brückenwagen die sechs Särge von Hinterkaifeck zum Friedhof nach Waidhofen. Der Staatsanwalt hat die Leichen zur Beisetzung freigegeben. Rund hundert Menschen aus der Umgebung gehen neben dem Gefährt her. Die Beerdigung ist für Samstag früh neun Uhr angesetzt.

Die Wochenendausgaben der deutschen Zeigungen drucken noch einmal ausführliche Berichte. Unter der Überschrift »Die Bluttat von Hinterkaifeck« schreibt Hans Lautenbacher in der Neuen Augsburger Zeitung: »Wer hätte vor acht Tagen gedacht, daß über Nacht ein Verbrechen von der Scheußlichkeit verübt wurde, wie es am Dienstag, den 4. April, aufgedeckt wurde! Wem hätte das auch nur in den Sinn kommen mögen? Die ganze Schauerlichkeit der fürchterlichen Tat drängte sich einem doppelt auf, wenn man der Sezierung und Einsargung der sechs Opfer beiwohnte. Während der ›hintere Kaifeck‹ stets von einigen Dutzend Neugierigen umlagert wurde, die aus der näheren und weiten Umgebung, sogar bis von München und über Ingolstadt hinaus herbeigekommen waren, entledigte sich der Neuburger Landgerichtsarzt seiner Aufgabe. Mit einem inneren Schaudern suchte man die freie Luft auf und macht sich angesichts des schönen Waldes seine Gedanken über den schrecklichen Vorfall. Wenn man so den rings von Wald umgürteten kleinen Kessel von Gröbern ansieht – an der Ostseite reicht der Waldrand bis auf etwa 60 Meter an den ›hinteren Kaifeck‹ heran – sagt man sich unwillkürlich, daß hier ein Revier für lichtscheues Gesindel ist. Der ›hintere Kaifeck‹ im besonderen liegt so isoliert, daß man sich schließlich nicht wundern kann, wenn die Mordbuben gerade ihn zum Objekt erwählten. Und wenn die warme Sonne den Wolkenvorhang teilte, daß der blaue Himmel auf die fruchtbare Erde herunteräugte, wurde der Wunsch lauter, der Gerechte im Himmel möchte die unmenschlichen Mörder ruhelos umhertreiben und der strafenden Gerechtigkeit zuführen.«

Um die Ermittlungen voranzutreiben setzt am Samstag das Bayerische Staatsministerium des Innern eine Belohnung von 100 000 Mark aus. Für Oberinspektor Reingruber ist das wieder ein Lichtblick. Denn diese ungewöhnlich hohe Summe könnte für den einen oder andern Mitwisser des Verbrechens Anreiz sein, auszuplaudern. Die Kriminalbeamten stehen jetzt unter Erfolgszwang. Aus München wird ihnen unverhohlen zu verstehen gegeben, daß »höchste Kreise« eine baldige Aufklärung des Falles erwarten.

Gegen Nachmittag bringt ein Fahrer die Köpfe der Toten aus München zurück. Der Neuburger Kanzleiassistent Heinrich Ney erhält von Staatsanwalt Renner den Auftrag, sie unverzüglich zu dem Hellseher nach Nürnberg zu bringen.

Noch am Abend steht Ney vor dem Haus des Hellsehers. Der Mann bittet ihn in seine Wohnung. Aus einem Koffer holt der Assistent die Köpfe, legt sie auf einen altertümlichen Schreibtisch. Dann muß er den Raum verlassen.

Aufgeregt rutscht er vor der Tür auf einem Stuhl hin und her. Endlich kommt der Hellseher heraus. An seinem Gesicht liest Ney ab, daß die Sitzung nicht sehr erfolgreich gewesen sein kann.

»Tut mir leid – ich kann nur soviel sagen, daß es zwei Täter waren, daß das Verbrechen bei Vollmond verübt wurde und daß die Tatwaffe noch im Haus sein muß.«

Staatsanwalt Renner ist enttäuscht, als er dieses Ergebnis erfährt. »Das ist ja wohl nicht das, was wir uns erwartet hatten«, sagt er am Telefon zu Oberamtsrichter Wiesner. »Aber wer konnte das im voraus wissen.«

Am Sonntag will schon wieder eine Hellseherin der Polizei weiterhelfen. In seltsamer Aufmachung erscheint sie unangemeldet in der Augsburger Polizeidirektion, begleitet von zwei Männern.

Den verblüfften Beamten schildert sie dann ihre Vision: »Die Mordtat ist von drei Burschen verübt worden. Einer ist 17 Jahre alt, hat blonde Haare und heißt F. Der andere, 21 Jahre alt, heißt J. und hat schwarze Haare. Der dritte ist 24 Jahre alt und heißt B. Auch er hat schwarze Haare. Die drei wohnen in Schrobenhausen bei ihren Eltern, deren Häuser stehen nebeneinander, haben Giebeldächer und sind etwas abseits von der Straße gelegen.«

Ohne die staunenden Gendarmen weiter zu beachten, fährt sie fort, wobei ihre Arme und Hände in mystischer Gestik gespenstisch ins Leere greifen. Die Augen hat sie die ganze Zeit fest geschlossen. »Die Tat wurde im Hausgang verübt. Die Magd wurde als erste erschlagen. Sie muß am Hals Würgespuren haben. Das Kind erschlug J., F. stand Posten. Die beiden Mörder hatten die Gesichter geschwärzt. Mit einer kleinen Hacke führten sie die Tat aus. Durch das Dach drangen sie in das Haus ein.«

Die Frau macht eine kurze Pause. »Ein Seil ist zum Herablassen an den Dachsparren angebracht. Geld wurde keines geraubt. Dagegen befindet sich Gold- und Silbergeld in einem irdenen Hafen vergraben im Garten des Gruber'schen Anwesens. In östlicher Richtung der Mitte des Gartens ist ein Zwiebelbeet, darinnen befindet sich das Geld. Die Täter werden es bei abnehmendem Monde holen und dabei erwischt werden. Vorher kann man sie nicht ergreifen. Sie leben beständig in großer Angst. Der 21jährige J. trägt in einem gelben Kuvert auf der Brust ein Testament, das er in Hinterkaifeck mitgenommen hat.«

Plötzlich verstummt die Hellseherin. Der leitende Beamte hat alles mitstenografieren lassen. Er persönlich steht derartigen Dingen zwar äußerst skeptisch gegenüber. Trotzdem läßt er sofort einen Brief an die Gendarmerie-Hauptstation Schrobenhausen schreiben. Dort sollen ja nach Aussagen der Wahrsagerin die drei Täter wohnen.

»Derartigen Sachen«, diktiert er, »kann man ja sehr wenig Glauben schenken. Jedoch wird Gegenwärtiges zur Kenntnis gebracht, damit nichts ungeschehen bleibt und nachträgliche Vorwürfe nicht gemacht werden können.«

Oberinspektor Reingruber sitzt an diesem ersten Wochenende nach dem grausigen Fund in seinem Zimmer Nummer 205 im zweiten Stock der Polizeidirektion München. Er hat sich alle verfügbaren Akten über die sechs Opfer kommen lassen.

Plötzlich stößt Reingruber auf eine Urkunde der Strafkammer des Landgerichtes Neuburg. »Durch Urteil vom 28. Mai 1915 wurde Andreas Gruber zu Zuchthaus von einem Jahr, seine Tochter Viktoria Gabriel zu Gefängnis von einem Monat verurteilt.« Und darunter der handschriftliche Vermerk: »Beide haben ihre Strafe abgebüßt.«

Er schließt die Augen. »Dann stimmt das also doch!« Nach einer halben Stunde weiß Reingruber alles über die Hinterkaifeckischen. Es war seine Pflicht, sich nicht auf das Gerede der Leute zu verlassen, sondern die quasi amtliche Bestätigung dafür einzuholen.

Die hübsche Viktoria, die den Burschen in den umliegenden Orten mit ständig neuen und raffinierten Kleidern den Kopf verdrehte, hat es jahrelang mit dem eigenen Vater getrieben. Und zwar von ihrem 19. Geburtstag an.

1913 erhielt sie von ihren Eltern das Anwesen. Einige Wochen darauf heiratete sie den von einer benachbarten Einöde stammenden ein Jahr jüngeren Karl Gabriel. Im Januar 1915 brachte sie ihr erstes Kind zur Welt. Es wurde nach der Großmutter Zäzilie getauft.

Doch schon im Dezember 1914 fiel Karl Gabriel – in einem Gefecht bei Neuville (Frankreich). 1918 wollte der Gröberner Ortsführer Lorenz Schlittenbauer die attraktive Witwe heiraten. Doch aus der Hochzeit wurde nichts. Am 7. September 1919 brachte Viktoria einen unehelichen Sohn zur Welt. Als Vater gab sie Lorenz Schlittenbauer an. Dessen Frau war ein Jahr zuvor gestorben. Doch die Leute tuschelten, daß Andreas Gruber der Vater des Kindes sei.

Schon drei Tage nach der Geburt zeigte Schlittenbauer den alten Gruber und Viktoria Gabriel wegen Blutschande an. Knapp drei Wochen später überlegte es sich der Ortsführer wieder anders. Am 30. September 1919 erkannte er vor dem Vormundschaftsgericht Schrobenhausen die Vaterschaft doch an. Seine Beschuldigungen nahm er zurück. Andreas Gruber wurde aus der Untersuchungs-Haft freigelassen. Wenige Monate später leugnete Schlittenbauer dann die Vaterschaft erneut.

»Da soll sich noch ein Mensch auskennen«, stöhnt Oberinspektor Reingruber. Aber diese Abgründe, die sich da vor ihm auftun, haben ihn auf eine Idee gebracht. »Das Motiv . . . das Motiv . . .«, murmelt er, »wenn es also kein Raubmord war, dann könnte es eine Eifersuchtstat gewesen sein.«

Bei der Dienstpost, die sich auf seinem Schreibtisch angesammelt hat, ist die amtliche Aufstellung des in Hinterkaifeck nach dem Verbrechen gefundenen Vermögens. Voller Spannung greift der Kriminalist zu den Unterlagen. Die vom Schrobenhausener Justizrat Albert Stinglwagner erstellte Liste führt exakt auf: 1880 DM in Gold, 327 Mark in Silber, Pfandbriefe der Ungarischen Lokaleisenbahn, ein Paar goldene Ohrringe, zwei silberne Herrenuhren, ein Kontobuch mit 3000 Mark und fünf Lose der 40. Pferdelotterie. Es folgt die Aufzählung verschiedenster Aktien und weiterer Schmucksachen.

Reingruber summiert die größeren Posten. Er kommt auf rund 100 000 Mark. Es fehlen also tatsächlich nur einige hundert Mark Papiergeld. Und das, überlegt der Oberinspektor, obwohl die Täter genug Zeit gehabt hätten, das ganze Haus auf den Kopf zu stellen.

In Hinterkaifeck sind mittlerweile aus München 60 Beamte der Landespolizei auf Lastautos eingetroffen. Ihr Auftrag: Streifengänge durch die umliegenden Wälder. Das Bayerische Innenministerium verspricht sich davon eine »psychologische Wirkung«. Die Beamten sollen so lange bleiben, bis sich die durch das grauenvolle Verbrechen erregte Bevölkerung wieder beruhigt hat. Die Polizisten werden privat bei Bauern einquartiert.

Auf Plakaten fordert das Bezirksamt Schrobenhausen die Bevölkerung auf, sich gegen nächtliche Überfälle abzusichern. Vor allem den Besitzern von Einöden und abgelegenen Höfen wird ans Herz gelegt, vor dem Schlafengehen nochmal das ganze Anwesen abzusuchen. Außerdem wird das Halten von »guten Hunden« dringend empfohlen. Geld und Wertsachen sollen nicht mehr in der Wohnung, sondern bei Banken und Sparkassen aufbewahrt werden.

# IX.
# Hinterkaifeck wird dem Erdboden gleichgemacht

Genau eine Woche nach Entdeckung des Verbrechens erhält Oberinspektor Reingruber die Nachricht, daß der aus Geisenfeld stammende Bäcker Josef B. aus der Heil- und Pflegeanstalt Günzburg geflohen ist – fast genau neun Monate vor dem Mord. Er konnte noch nicht gefaßt werden. Reingruber geht an die große Landkarte, die eine ganze Wand in seinem Zimmer bedeckt. Geisenfeld ist nur knapp 30 Kilometer von Hinterkaifeck entfernt. Auf seiner Flucht könnte Josef B. an der Einöde vorbeigekommen sein. Bereits neulich hatte ihm Staatsanwalt Renner erklärt, daß nach seiner Ansicht nur ein Geisteskranker als Täter in Frage komme.

Die Zeitdifferenz vom Ausbruch bis zur Tat erscheint Reingruber zunächst etwas groß. Aber Josef B. könnte sich ja monatelang im Schwäbischen herumgetrieben haben, bis er sich möglicherweise entschloß, in seinen Heimatort zurückzukehren. Der Bäcker sollte in Günzburg auf seinen Geisteszustand untersucht werden.

Reingruber läßt sofort alle deutschen Polizeidienststellen informieren. Dann stellt er eine Personenbeschreibung zusammen: rotes Gesicht, dunkelblondes Haar, zugeschnittener Schnurrbart, spricht oberbayerische Mundart, trägt vermutlich Militäranzug und schwarze Gamaschen.

Am 4. Mai 1922 meldet die Presse: »Bezüglich des sechsfachen Raubmordes in Hinterkaifeck wird vermutet, daß die Untat nicht von dem berüchtigten Bäcker Josef B. aus Geisenfeld allein, sondern in Gemeinschaft mit dem ebenso berüchtigten Alfons Gustav P. aus Mörchingen verübt wurde. P. ist Konditor und hat B. in der Günzburger Anstalt kennengelernt. Er ist 28 Jahre alt, war im Vorjahr in Ingolstadt und Donauwörth, hat später den Namen Gustav W. angenommen und wird unter diesem sowohl wie unter seinem Namen von verschiedenen Orten wegen Raubes und Diebstahls gesucht.«

Und am 22. Mai steht in den Zeitungen: »Der sechsfache Mord ist noch immer in tiefes Dunkel gehüllt. Alfons Gustav P. scheidet als Täter aus, nach dem Bäcker Josef B. wird noch gesucht.« Wie die Polizei herausfand, saß Alfons Gustav P. zur Tatzeit in der Heil- und Pflegeanstalt Dresden. Dafür gibt es Zeugen.

Auch eine andere heiße Spur führt zu keinem Erfolg. Die ehemalige Hinterkaifecker Magd Kreszenz R. gibt der Polizei interessante Details zu Protokoll. So erzählt sie von einem Vorfall im Herbst 1921. Kurz nach 24 Uhr kam damals der Bauernsohn Josef T. von einem Gehöft bei Waidhofen zu ihr zum Fensterln. Es war eine mondhelle Nacht. Doch das junge Mädchen, das ein halbes Jahr zuvor von einem unehelichen Kind entbunden worden war, öffnete nicht.

Vom Bett aus sah Kreszenz R. immer nur die rechte Gesichtshälfte des nächtlichen Besuchers. Als dieser merkte, daß er nicht an sein Ziel kam, wollte er wissen, wo die Viktoria Gabriel schläft. Plötzlich redete er, daß die Hinterkaifecker sehr viel Geld im Haus hätten. Tagsüber, erzählte er ihr durch das geschlossene Fenster, wäre es in einer Bratröhre im Ofen versteckt, nachts unter dem Bett. Als die Magd auch noch andere seltsame Geräusche hörte, fragte sie den Bauernsohn, ob noch jemand bei ihm ist. Doch der verneinte.

Als Josef T. nach einer halben Stunde davonschlich, lief Kreszenz R. rasch in die Küche. Von dort aus sah sie, daß es doch zwei Männer waren. Die beiden gingen zunächst in Richtung Brunnen, bogen dann rechts ein und blieben vor dem Stall und besahen sich das Maschinenhaus genau. Im kleineren der beiden Männer glaubte die Magd den Bruder des Bauernsohnes erkannt zu haben.

Beim Frühstück am anderen Tag erzählte sie die Geschichte den Hinterkaifeckern. Viktoria ermahnte die Magd, den Brüdern Josef und Andreas T. nachts nie aufzumachen. Dabei erfuhr Kreszenz R., daß die beiden vor etwa einem Jahr auf dem Hof vermutlich einbrechen wollten. Der alte Gruber hatte sie nachts vor dem Wagenschuppen angetroffen und ihnen mit einem Infanteriegewehr nachgeschossen. Sie hatte den Schuß damals gehört. Da sie aber schwanger war, hatten ihr die Hinterkaifecker den Zwischenfall verschwiegen.

»Und Sie glauben, daß die Brüder Josef und Andreas T. die Täter waren«, fragt sie der Beamte, dem sie die ganze Geschichte soeben erzählt hat. »Das glaube ich bestimmt«, erwidert die Magd.

Ohne zu wissen, daß sie damit eine neue Spur legt, schildert das Mädchen dann die Liebesbeziehungen zwischen Viktoria und ihrem Vater. »Einmal hab ich die beiden überrascht – sie trieben es gerade im Heu miteinander. Ich habe mich gleich umgedreht und bin davon gegangen. Die Viktoria hat mich zwar bemerkt, aber nichts gesagt.«

»Und ein andermal belauschte ich unabsichtlich ein Gespräch zwischen den Zweien auf dem Speicher. Sie reparierten gerade den Taubenschlag. Sinngemäß sagte da der alte Gruber: ›Du brauchst nicht heiraten, schließlich bin ja ich da.‹«

»Auch ein Freier kam eines Tages auf den Hof«, berichtet die junge Magd weiter. »Es war ein stattlicher Bursche von einem Nachbaranwesen. Aber kaum hatte ihn der Gruber von weitem erkannt, sperrte er die Viktoria mit deren Einverständnis in einen Schrank. Zu dem Besucher sagte er, die Viktoria ist nicht da. Die kommt auch vor heute nacht nicht zurück. Daraufhin ging der Bursche wieder.«

Für die Polizei ergibt sich damit ein mögliches Motiv. Vielleicht hat ein abgeblitzter Freier, dem die Viktoria vorher schöne Augen gemacht hatte, die Witwe eines Tages mit ihrem eigenen Vater erwischt. Doch alle Untersuchungen in diese Richtung verlaufen ohne ein greifbares Ergebnis.

Während die Polizei die beiden ersten Verdächtigen in Ingolstadt verhaftet – wenig später aber wieder laufen lassen muß –, beginnt für die Erben der Ermordeten ein aufreibender Rechtsstreit mit dem Finanzamt. Nur wenige Wochen nach der Beerdigung der Opfer erhielten die Verwandten den Bescheid, das in Hinterkaifeck gefundene Gold- und Silbergeld – Metallwert rund 142 000 Mark – dem Finanzamt einzubezahlen. Die Begründung lautet in schönstem Amtsdeutsch so: Das Geld ist wegen Steuerhinterziehung bei der Veranlagung zum Reichsnotopfer und zur Vermögenszuwachssteuer dem Fiskus verfallen.

Das Jahr geht zu Ende, ohne daß die Polizei auch nur einen Schritt weiterkommt. »Es ist wie verhext«, jammert Oberinspektor Reingruber, »aber alle Spuren führen ins Nichts.«

Im Februar 1923 wird der Einödhof von den neuen Besitzern abgerissen. Es sind die Eltern des gefallenen Ehemannes von Viktoria Gabriel und dessen drei Brüder. Sie haben von den anderen Erben das Anwesen erworben. Niemand wollte mehr in dem Mordhaus wohnen.

Es stürmt und schneit, als die Brüder Gabriel mit mehreren Nachbarn die Gebäude dem Erdboden gleichmachen. Auch Michael Plöckl vom nahen Haidhof ist dabei. Ihm ist nicht ganz wohl dabei, als sie auf dem Speicher, von dem aus damals die Mörder zwei Tage lang ihre Opfer beobachteten, mit den Arbeiten beginnen.

Plötzlich schreit Josef Gabriel: »Kommt's mal her – schaut's was ich da gefunden habe!« In seinen Händen hält er eine blutbefleckte Kreuzhaue.

Michael Plöckl läuft es kalt den Rücken hinunter. »Das ist ja, das ist ja«, stammelt er fassungslos, »das muß die Mordwaffe sein.«

»Sie lag hier unter dem Fehlboden.« Josef Gabriel deutet auf eine Stelle unter den Holzdielen im Stadel. »Und danach haben die Kriminaler so lange gesucht.« Josef Gabriel schüttelt den Kopf. Die Hacke lag genau an der Stelle, an der die Leichen entdeckt wurden.

Wenig später finden die Männer unter einem anderen Brett ein Taschenmesser. Sie bringen beides zur Polizei.

Eine Untersuchung im Gerichts-Medizinischen Institut in München bestätigt den schrecklichen Verdacht: es ist das Mordwerkzeug. Das Blut an der Haue, klärt ein Wissenschaftler den ins Institut gerufenen Oberinspektor Reingruber auf, stammt einwandfrei von Menschen. Außerdem kleben an der Hacke noch Frauenhaare. Den Stiel des Gerätes hatte der alte Gruber selbst gefertigt. Das Messer jedoch läßt sich nicht zweifelsfrei als Tatwaffe identifizieren.

Mit den Steinen von Hinterkaifeck baut sich die Familie Gabriel auf ihrem Anwesen im nur wenige Kilometer entfernten Laag einen neuen Stadel. An der Mordstätte selbst bleibt kein Stein mehr auf dem andern. Die Polizei hatte mit großem Bedauern dem Abbruch zugestimmt. »Damit verbauen wir uns«, hatte Reingruber gewarnt, »für alle Zukunft die Möglichkeit, den Tathergang authentisch zu rekonstruieren.«

Trotz hunderten von Hinweisen kommt die Polizei auch in den folgenden Monaten nicht weiter. In Deutschland ist die Inflation ausgebrochen. Die 100 000 Mark Belohnung sind auf 500 000 Mark erhöht worden.

Ein Tumult im Personenzug Schrobenhausen–Augsburg am Sonntag, den 1. März 1925, wirft erneut Schlaglichter auf das noch immer in tiefes Dunkel gehüllte Verbrechen. Der Zug fährt fahrplanmäßig um 19.30 Uhr in Schrobenhausen ab. Der dritte Waggon ist bis auf den letzten Platz besetzt. Schon kurz nach der Abfahrt brüllt ein älterer Mann einen auf der Nebenbank sitzenden Mitreisenden an, beschimpft ihn als Lumpen, Bazi und Gauner.

Der Beschimpfte dreht dem andern den Rücken zu und sagt kein Wort. Auch nicht, als dieser plötzlich schreit: »Du, Du bist der Raubmörder von Hinterkaifeck. Die Kripo hab' ich bereits verständigt.«

Erschrocken starren die Fahrgäste auf die beiden. »Der Mörder von Hinterkaifeck«, murmelt eine alte Frau ängstlich und verkriecht sich hinter dem breiten Rücken ihres Vordermannes.

Der ältere Mann holt tief Luft. Dann geht es weiter: »Du und Deine Söhne werden um einen Kopf kürzer gemacht, dafür garantiere ich. Du Raubmörder, Du!«

Schließlich ruft er die Insassen des Waggons als Zeugen an. Auf den Beschuldigten deutend brüllt er: »Ihr alle habt es gehört. Ich habe ihn und seine Söhne des Mordes von Hinterkaifeck angeklagt.« Auch bei dieser ungeheuren Anschuldigung bleibt der Angegriffene stumm.

Einem der Fahrgäste, dem Gewerkschaftssekretär Otto Priller aus Augsburg, wird das Ganze langsam unheimlich. Er verständigt den Fahrdienstleiter und bittet ihn, den älteren Herrn beim Aussteigen festzuhalten. Immerhin dauert der Tumult schon fast 45 Minuten.

An der Haltestelle Hochzoll, kurz vor Augsburg, verläßt der ältere Herr das Abteil. Sofort rennt ihm der Fahrdienstleiter nach und alarmiert weiteres Bahnhofspersonal.

Obwohl der Mann – ein »Automobilbesitzer« namens Sch. aus Hochzoll – bei seinen Behauptungen bleibt, muß die Polizei ihre Hoffnungen begraben.

In Neuburg an der Donau hat mittlerweile der für den Mordfall zuständige Staatsanwalt gewechselt. Nachfolger von Renner ist Staatsanwalt Richard Pielmaier geworden. Schon kurz nach Beginn seiner neuen Aufgabe hat der eifrige Jurist alle bekannten Spuren noch einmal verfolgen lassen. Tage- und nächtelang wälzte er die Akte »Hinterkaifeck«.

»Vielleicht sind damals doch Versäumnisse begangen worden«, sagte er sich immer wieder, »vielleicht wurde eine Spur nicht ganz zu Ende verfolgt.« Pielmaier vermutet, daß es doch ein Raubmord war. Seiner Ansicht nach haben die Täter bewußt die Gold- und Silbermünzen nicht angerührt. Sie wollten durch den Besitz des Metallgeldes nicht auffallen. Deshalb stahlen sie nur Papiergeld und Lebensmittel.

Aber auch Pielmaier tritt auf der Stelle. Zwar reicht es einige Male zu einem Haftbefehl, aber jedesmal müssen die Verdächtigen spätestens nach einigen Tagen wieder auf freien Fuß gesetzt werden. Den letzten entscheidenden Punkt kann der Jurist keinem nachweisen.

Resigniert notiert Pielmaier am 6. November 1926 in der immer dicker werdenden Akte: »Nach den Erhebungen muß mit aller Sicherheit mit Tätern, die von auswärts gekommen waren, gerechnet werden, wobei nicht ausgeschlossen ist, daß die Täter in der Gegend bekannt sein konnten. Die Täter dürften in den Kreisen herumziehender Händler, Hausierer oder Schauspieler, Korbmacher und ähnlicher, nach Zigeunerart herumziehender Personen, zu suchen sein.«

Am selben Tag erhält Staatsanwalt Pielmaier von der Kriminalpolizei die Nachricht, daß zwei Brüder aus Neuschwetzingen im Donaumoos die Mörder von Hinterkaifeck sein sollen.

Er kann es zunächst gar nicht glauben. »Das wäre ja ein riesiger Zufall«, sagt er zu einem jungen Referendar. »Ausgerechnet heute . . .«

Die Polizei hatte die Brüder Paul und Ludwig B. schon lange in Verdacht, am 4. April 1922 – an dem Tag, an dem der Mord in Hinterkaifeck entdeckt wurde – den Raubüberfall im nur wenige Kilometer entfernten Niederarnbach begangen zu haben. Aber die Beamten hatten Paul und Ludwig B. bisher nicht überführen können.

Eine Frau hilft der Polizei weiter. Die ehemalige Geliebte von Paul B. erscheint bei der Gendarmerie und verrät ihn. Haßerfüllt erzählt sie den Uniformierten alles, was sie weiß.

Staatsanwalt Pielmaier ist sich ziemlich sicher. Obwohl er den alten Akten seines Vorgängers entnimmt, daß die Taten von Niederarnbach und Hinterkaifeck in keinem Zusammenhang stehen dürften, gibt er sofort eine Pressenotiz heraus: »Dieser Fall legt nun die Annahme nahe, daß die beiden B. auch das Verbrechen von Hinterkaifeck verübt haben. Einer Zeugin gegenüber hatte Paul B. schon 1925 eine eingehende Darstellung des Mordes gegeben.« Die Zeugin ist niemand anders als die Geliebte. Vor ihr hatte sich Paul B. in einer intimen Stunde gebrüstet, »damals in Hinterkaifeck« dabeigewesen zu sein.

Stundenlang werden die zwei Brüder nach ihrer Verhaftung vernommen. Die Beamten sind unerbittlich. »Gebt endlich zu, daß ihr alle sechs erschlagen habt. Ihr habt Euch zwei Tage vorher in den Hof eingeschlichen und dann in der Nacht zum 1. April eine Kuh im Stall losgebunden. So war es doch, oder? Und dann habt Ihr sie der Reihe nach umgebracht.«

Doch Paul und Ludwig B. schütteln den Kopf. »Nein, nein – das waren wir nicht.« Die Beamten geben nicht auf. Aber den Brüdern ist alles andere nachzuweisen, nur nicht der sechsfache Mord.

Wie schon sein Vorgänger legt sich auch Pielmaier nicht hundertprozentig auf einen bestimmten Täter-Typ fest. Der Bäcker Josef B. aus Geisenfeld steht nach wie vor in Verdacht. Doch trotz Steckbriefen, einer Belohnung für Hinweise auf seinen Aufenthalt und Sonderstreifen bleibt der Mann verschwunden, der schon 1921 aus der Heilanstalt Günzburg geflohen ist.

Einige Zeugen sagen aus, daß Josef B. schon längst im Ausland untergetaucht ist. Andere wiederum wollen ihn in Landshut und in Regensburg gesehen haben.

Aufgeregt kommt am 9. Februar 1927 der Bildhauer Josef Sager aus Augsburg zur Polizei. »Ich habe was zum Raubmord in Hinterkaifeck.« Die Beamten, erfolglos seit jener schrecklichen Nacht, stürzen sich auf jede kleinste Spur und sei sie auch noch so unbedeutend.

60

»Also,« erzählt Sager, »das war letztes Jahr im August. Ich befand mich da auf einem Ausflug in Unterbaar. In der dortigen Wirtschaft genehmigte ich mir eine Halbe, vielleicht auch zwei. Sie verstehen. Es war August und sehr heiß.« Die zwei Beamten, die sich die Aussage anhören, nicken verständnisvoll.

»Ich trinke also mein Bier, da setzt sich eine Frau an meinen Tisch. Sie hieß Kreszentia B., wie ich später herausbrachte, und war aus Todtenweis. Ich ließ mich mit ihr in ein Gespräch ein. Mitten während unserer Unterhaltung bot sie mir ein altes Zehn-Mark-Stück für zehn Reichsmark an. Hernach sprach sie davon, daß sie noch mehr Gold- und altes Silbergeld besitze. Ich weiß noch ganz genau, was sie sagte: ›Das habe ich zuhause vergraben.‹ Damals habe ich mir nichts dabei gedacht. Aber so im Nachhinein und weil erst neulich was über Hinterkaifeck in der Zeitung stand und daß die Täter immer noch nicht gefaßt sind, habe ich mir überlegt, daß die Sache damit zusammenhängt.«

Die Beamten runzeln die Stirn. Als Josef Sager gegangen ist, schauen sie sich an. »Glaubst Du, da ist was dran?«, sagt der eine von ihnen. Der andere zuckt die Schultern. »Weiß nicht – aber es gibt ja die verrücktesten Dinge.«

Am nächsten Tag schreibt der Kriminal-Sekretär Josef Paulus einen ausführlichen Brief an die Gendarmerie-Station Aindling bei Augsburg und bittet die Kollegen, die in ihrem Zuständigkeitsbereich wohnende Kreszentia B. zu überprüfen.

Wenig später erhält die Frau eine polizeiliche Vorladung. Am 20. Februar wird sie vernommen. »Ich und die Polizei«, jammert sie, »mein Lebtag lang hab' ich nichts verbrochen und jetzt muß ich auf die Wache. Bin ich vielleicht eine Verbrecherin?«

»Beruhigen Sie sich doch wieder. Wir wollen Ihnen nur einige Fragen stellen. Können wir anfangen?«

»Stimmt es, daß Sie letztes Jahr im August mit einem Herrn in der Gastwirtschaft in Unterbaar saßen?« Kreszentia B. braucht einige Zeit zum Überlegen. Als sie merkt, worauf die Beamten hinauswollen, sprudelt es aus ihr heraus.

»Jetzt erinnere ich mich wieder. Dieser Herr, ich glaube aus Augsburg war er, erzählte, daß er auch schon in Rehling und Aindling war und dort viel Geld verdient habe. Ich habe ihm dann gesagt, daß man in diesen harten Zeiten das Geld schon brauchen könne. Und dann habe ich erzählt, daß ich auch noch Geld besitze, das aber nicht mehr gilt. Ich zeigte ihm daraufhin ein Zehn-Mark-Stück in Gold. Als der Herr mich bat, ihm dieses als Andenken zu geben, habe ich mich erst geweigert. Aber da ich ziemlich in Schwierigkeiten war, verkaufte ich es ihm schließlich für zehn Reichsmark. Zum Spaß hab' ich noch gesagt, daß ich zuhause noch mehr Gold-Münzen hätte.«

Die Beamten spüren, daß die Frau die Wahrheit sagt. Sie bedanken sich und lassen sie gehen. »Wieder nichts«, meint ein jüngerer Gendarm, »aber wer kann das im voraus wissen.«

Sein Kollege aber ist sauer. »Diese Hysterie«, schreit er, »ist zum Verzweifeln. Wegen jedem Sch . . . kommen die Leute jetzt zu uns. Derweil ist alles ein Schmarrn, was die da über Hinterkaifeck wissen.« Der Posten-Chef beschwichtigt ihn. »Irgendwie hast Du ja recht, aber es ist unsere Pflicht, auch dem winzigsten Hinweis nachzugehen – vielleicht bleibt doch einmal etwas hängen.«

# X.
# Neue Verhaftungen

Im Augsburger Justizgebäude herrscht drückende Schwüle. In den Schwurgerichtssaal wird soeben der ledige Obsthändler Karl W. geführt. Dem 28jährigen wirft das Gericht versuchten Totschlag vor. Es ist der 16. Juni 1931.

Mitten unterm Plädoyer des Staatsanwalts steckt Karl W. seinem Verteidiger einen mehrmals zusammengefalteten Zettel zu. Rechtsanwalt Rieser wirft einen kurzen Blick auf das Papier. Er liest öfter den Namen »Hinterkaifeck«.

Der Anwalt wartet den Urteilsspruch ab. Dieser lautet auf eineinhalb Jahre Gefängnis. Dann übergibt er den Zettel dem Staatsanwalt.

Zwei Tage später wird Karl W. aus seiner Zelle geholt und ins Besucherzimmer geführt. Dort warten zwei Kripo-Beamte auf ihn. Der 28jährige packt sofort aus. »Ich bin seit dem 4. März dieses Jahres in Untersuchungshaft. Während dieser Zeit war in meiner Zelle ein Dienstknecht namens Johann B. Vor etwa zwei Wochen fand ich auf der Toilette des Gefängnisses einen Zeitungsausschnitt mit einem Artikel über Hinterkaifeck.«

Einer der Beamten unterbricht ihn: »Wann war das genau?«

Nachdem er das Datum auf einen kleinen Block notiert hat, bittet er den Häftling weiterzureden.

»Ich habe natürlich Johann B. sofort gefragt, ob er den Mordfall kennt. Er zögerte, dann nickte er mit dem Kopf und erzählte mir, daß er aus der Gegend von Schrobenhausen stammt. Schließlich vertraute er mir an, daß sein Vater, sein Bruder und auch er selbst wüßten, wer als Täter in Frage kommt. Als ich ihn bedrängte und wissen wollte, weshalb er nicht die Polizei informierte, redete er etwas von Angst und Rache.«

»Ich hab' ihn daraufhin beschworen und ihm gesagt, daß wir nun schon so lange in einer Zelle sitzen und daß wir zusammenhalten müßten. Nach einigem Hin und Her vertraute er mir an, zusammen mit einem gewissen Wilhelm M. den Mord begangen zu haben.«

»Was!«, entfährt es da dem älteren der zwei Kripo-Beamten, »das erzählen Sie uns erst jetzt.«

Für die Polizei folgen hektische Stunden. Alte Akten über Hinterkaifeck werden eilends besorgt und die Ermittlungen von damals mit den Aussagen des verurteilten Obsthändlers verglichen.

Doch wieder einmal fehlt der letzte Beweis. Dem Mann, der sich selbst dieser schrecklichen Tat bezichtigt hatte, kann nichts nachgewiesen werden.

Im Januar 1933 wird der Augsburger Schlosser Peter R. von düsteren Erinnerungen geplagt. Tagelang ringt der Mann mit sich selbst. Endlich geht er zur Polizei.

Am 17. Januar abends um 18.30 Uhr erscheint er auf der Direktion. Als der diensthabende Beamte hört, daß der späte Besucher »wichtiges zu Hinterkaifeck« weiß, schickt er ihn gleich zur Kriminalabteilung. Dort macht Peter R. seine Aussage.

»Als ich 1918 aus dem Felde heimkam, übernahm ich die Schlosserei meines Vaters. Da die Zeiten schlecht gewesen sind, habe ich auch auswärts Altmetall aufgekauft, sobald ich etwas erfuhr. In der Woche, als in Hinterkaifeck der Mord geschah, war ich nur einige Kilometer entfernt in Aresing bei Schrobenhausen. Dort übernachtete ich beim ›Alten Wirt‹.«

»Passen Sie auf, was ich Ihnen weiter erzähle.« Der Schlosser schaut die Beamten eindringlich an.

»Am Abend hocke ich in der Gaststube. Nach einiger Zeit setzte sich ein Unbekannter zu mir an den Tisch. Er begann auch sofort eine Unterhaltung. Er habe gehört, daß ich mit Altmetall handle. Als ich dies bejahte, sagte er, ich solle doch in die Gegend von Waidhofen gehen. Dort gebe es jede Menge altes Eisen für mich abzuholen.«

Einer der Kriminalbeamten unterbricht ihn. »Was war das denn für ein Unbekannter. Wissen Sie nicht mehr über ihn?«

»Ja«, sagt Peter R., »das will ich Ihnen ja jetzt erzählen. Der Mann also bemerkte so nebenbei, daß er selbst mit Maulwurffellen handle. Als Beweis dafür zeigte er mir einige Felle, die er in einer Tasche versteckt hatte. Weiter sagte er, daß er aus der Gegend um Waidhofen komme. Von dem sechsfachen Mord war an diesem Abend noch nichts bekannt. Ohne noch einen Ton zu sagen, stand mit einemmal der Unbekannte auf und ging zur Tür. Ich fuhr dann am folgenden Morgen mit dem Rad nach Waidhofen, konnte dort jedoch kein Geschäft machen. Erst am andern Tag erfuhr ich dann in der Wirtschaft in Aresing von dem Verbrechen.«

»Stellen Sie sich vor – ein halbes Jahr danach traf ich den Unbekannten in Augsburg in der Philippine-Welser-Straße. Wir sprachen kurz miteinander, er nannte mir aber seinen Namen nicht.«

Sichtlich erregt erhebt sich Peter R. von seinem Stuhl und sagt immer lauter werdend: »Jetzt weiß ich auch, warum mich der Mann damals in die Gegend von Hinterkaifeck schickte. Ich, ich« – er tippt sich dabei auf die Brust – »sollte in den Täterkreis geraten.«

»Sie müssen den Kerl fangen«, schreit der Schlosser, »das war bestimmt der Mörder.«

Nachdem ihn die Beamten beruhigt haben, schildert er den Mann so: etwa 50 bis 55 Jahre alt, 1,65 bis 1,70 Meter groß, kräftig. »Ja, ja freilich«, ereifert sich Peter R., »damit ich's nicht vergesse, einen langen Schnurrbart hatte er.«

Noch in derselben Nacht geht an die einzelnen Reviere eine Personenfahndung. Trotz der vagen Beschreibung wird der »unheimliche Unbekannte« einige Tage später festgenommen. Er heißt Johann M. und ist Mehlhändler von Beruf. Die Beamten nehmen ihn in die Mangel. Als sie ihm nichts nachweisen können, lassen sie ihn wieder laufen.

Da bahnt sich ein Jahr später überraschend eine neue Wende an. Ende Januar 1935 erscheint die 20jährige Maria P. aus Daimhausen auf der Gendarmerie-Station Hohenwart. Dem Beamten, der ihr als erster in dem Gebäude begegnet, erklärt sie völlig durcheinander: »Es ist ganz dringend. Kann ich Sie unter vier Augen sprechen?«

Der Uniformierte, der an den wirren Blicken des Mädchens erkennt, daß etwas Furchtbares passiert sein muß, bringt es sofort zwei Zimmer weiter zum Stationsleiter. Er hat es so eilig, daß er sogar das Anklopfen, worauf sein Chef größten Wert legt, vergißt.

Noch bevor der Stationsleiter fragen kann, »wer sind Sie, was wollen Sie«, sprudelt es aus dem Mädchen heraus: »Hinterkaifeck . . . mein Vater . . . er ist der Mörder . . .«

Der Beamte rückt Maria P. einen Stuhl zurecht, nimmt ihr den Mantel ab und bittet sie höflich, alles schön der Reihe nach zu erzählen.

»Es war vor nicht ganz zwei Wochen, am Dienstag, den 15. Januar. Ich saß an der Wandbank, der Vater am Tisch, während die Mutter in der Stube war. Der Vater hockte etwa eine Viertelstunde so da und sinnierte, indem er den Kopf in die Hände stützte. Plötzlich sagte er: ›Marie, ich muß Dir etwas gestehen, was mich schon lange drückt‹.«

»Auf meine Frage, ob er krank sei, erwiderte der Vater, er könne es nicht mehr für sich behalten. Er und noch einer hätten die Kaifekker umgebracht. Doch dürfe ich nichts aussagen.«

Stockend spricht das Mädchen weiter. »Über seinen Komplizen sagte mein Vater, daß dieser vor zwei Jahren gestorben ist. Er verrät ihn nicht, weil er selbst ihn zu dem Mord angestiftet hat.«

»Dann«, so fährt Maria P. fort, »hat mir mein Vater ausführlich den Hergang des Verbrechens geschildert. Er und sein Komplize hätten nach dem Mord noch zwei Tage im Heu gelegen und das Vieh gefüttert. Als der Postbote kam, hätten sie gefürchtet, entdeckt zu werden und seien geflohen.«

Das Mädchen ist kaum mit seiner schaurigen Schilderung fertig, als ihm noch etwas einfällt. »Übrigens, als ich sieben Jahre alt war, das war 1922, habe ich einmal nachts heimlich beobachtet, wie mein Vater mit blutbespritzter Kleidung heimkam. Auch die Schuhe waren voll. Als mein Vater merkte, daß ich etwas gesehen hatte, beschwichtigte er mich mit den Worten, daß er Hunde abgeschlachtet hätte. Das blutbefleckte Hemd hat er sofort im Ofen verbrannt und den Anzug am nächsten Tag selbst gewaschen. Meine Mutter lag damals in einer Klinik in München.«

Einen Tag später erläßt der Ermittlungsrichter Haftbefehl gegen den Schweinehirten der Gemeinde Haimhausen, Joseph P. Schwer gefesselt wird der Mann von einem Großaufgebot an Polizei aus dem kleinen Haus am westlichen Ortsausgang gezerrt.

Im Dorf verbreitet sich die Verhaftung wie ein Lauffeuer. Hinter vorgehaltener Hand tuscheln die Leute, daß Joseph P. noch nie ein anständiger Mensch war. Der ganze Ort kennt ihn als Trinker und Radaumacher. Mehrmals schon hat er seine Frau mißhandelt und mit dem Tode bedroht. Wegen eines Sexualverbrechens saß er auch schon im Zuchthaus.

Am 30. und 31. Januar 1935 melden die Zeitungen in großer Aufmachung die Verhaftung. Einige Blätter, so der »Fränkische Kurier«, wagen sogar die Zeile: »Nach 13 Jahren der geheimnisvolle sechsfache Raubmord von Hinterkaifeck geklärt«.

Und als Beweis dafür, daß Joseph P. der Mörder sein müsse, heißt es in sämtlichen Berichten: »Als Joseph P. von Hohenwart ins Gefängnis nach Schrobenhausen transportiert wurde, hat er an der Stelle des niedergerissenen Anwesens in Hinterkaifeck am ganzen Leib gezittert. Auch mied er schon seit Jahren die Nähe der Mordstätte.«

Wie schon bei seiner Festnahme leugnet der Mann auch im Gefängnis hartnäckig die Vorwürfe seiner Tochter. Er tobt bei den Vernehmungen, schlägt um sich und schreit die Beamten an: »Alles Lüge, meine Tochter hat das alles erlogen . . .«

»Wir haben Zeit«, sagt einer der Beamten. »Abführen.« Noch während er in die Zelle zurückgebracht wird, beschimpft Joseph P. seine Tochter.

Am 4. Februar 1935 muß die Große Strafkammer des Landgerichts Augsburg der Haftbeschwerde des Verdächtigen stattgeben und ihn wieder auf freien Fuß setzen. Bis auf die Aussage der Tochter hatte die Polizei keine Beweise heranschaffen können, die den Gemeindehirten belastet hätten. Außerdem bestand der dringende Verdacht, daß das Mädchen aus Rache die ganze Geschichte erfunden hat.

Einen Tag später meldet die »Neue Augsburger Zeitung« unter der Überschrift »Hinterkaifeck bleibt vorerst im Dunkel«: »Wenn nun auch die Chancen einer Aufdeckung des Verbrechens wieder wesentlich geringer geworden sind, nachdem bei dieser Verhaftung zunächst nichts herausgekommen ist, so braucht man deswegen die Hoffnung auf eine doch noch kommende Sühne nicht aufzugeben. Verbrecher mögen noch so hartgesotten sein und noch so zusammenhalten, es ist nichts so fein gesponnen. . .«

Nur wenige Wochen nach diesem Mißerfolg verhaftet die Polizei den Maurer Eduard M. Er hatte am 11. März 1935 in einer Augsburger Gaststätte in angetrunkenem Zustand mehreren Gästen erzählt:

»Ich bin vor 14 Tagen von der Kripo verhört worden. Ich soll nämlich der Mörder von Hinterkaifeck sein. Schon 1922 hatten die mich in Verdacht, aber mein Alibi war einwandfrei.« Und er grinste hämisch. »Ja – die konnten mir überhaupt nichts wollen.«

»Diesmal hat mich wieder meine Schwägerin hingehängt. Bereits vor zwei Jahren hat sie einer Hausbesitzerin, bei der ich eine Wohnung mieten wollte, zugesteckt, daß ich der Mörder von Hinterkaifeck bin. Daraufhin hab' ich die Wohnung nicht bekommen. Jetzt geh ich zu denen und reiße sie aus dem Bett.«

Als die Polizei weitere Zeugen dieses Gespräches sucht, stößt sie auf den Invaliden Heinrich V. aus Ludwigsmoos. Dieser sagt aus: »Anfang März war ich beim Bruder von Eduard M. Plötzlich kam dieser selbst betrunken in die Wohnung gestürzt. ›Jetzt kommt der Hinterkaifecker Mörder‹, schrie er ganz laut und dann: ›Ja, ich bin der Mörder. Auf meinen Kohlrabi pfeif ich, da mach ich mir gar nichts daraus.‹ Später schimpfte Eduard M. auch noch auf Hitler. Er sagte: ›Der ist auch nicht gescheiter. Der Spinnate.‹«

Wegen Hinterkaifeck können die Beamten dem Maurer nichts anhängen. Sie übergeben ihn schließlich der Politischen Polizei.

Erst ist es ein Gerücht, das im Februar 1936 in Augsburg die Runde macht, dann wird ein schwerer Verdacht daraus. »Der Mörder von Hinterkaifeck ist tot – er hat sich das Leben genommen«, raunen sich die Leute beim Einkaufen, auf der Straße und in den Lokalen zu.

Sorgfältig gehen die Beamten der neuen Spur nach. Nichts soll unversucht bleiben, um dieses Verbrechen nicht doch noch aufzuklären.

Schon bei ihren ersten Recherchen erleben die Kripo-Leute eine Überraschung. Es sind die Kinder eines gewissen Max H. selbst, die gegen ihren toten Vater diesen schrecklichen Verdacht hegen. Max H., der als selbständiger Grabkreuzmacher arbeitete, hat sich 1934 bei Olching vor den Zug geworfen. Er war sofort tot. Als Motiv hatte die Polizei damals »geistige Umnachtung« ermittelt.

Auf einmal tauchen Zweifel daran auf. Die Witwe und die Kinder von Max H. werden in die Mangel genommen. Irgendetwas muß in der Familie passiert sein. Vielleicht hat der Mann seinen Angehörigen vor dem Selbstmord gebeichtet. Vielleicht existiert ein geheimer Abschiedsbrief mit dem wahren Motiv für den Freitod.

Wie es dazu kam, daß Max H. als Haupttäter von Hinterkaifeck in Verdacht geriet, kann nie ganz geklärt werden.

Die Beamten finden nur heraus: Max H. war tatsächlich von April bis Juni 1923 in Untersuchungshaft. Aber nicht wegen Hinterkaifeck. Vielmehr vermutete die Polizei, daß er am Postraub vom 19. September 1921 in der Augsburger Kaiserstraße beteiligt war. Vermutlich wurde der Mann während seiner Haft auch zu Hinterkaifeck vernommen. So könnte bei seinen Angehörigen der Verdacht entstanden sein, er sei wegen des sechsfachen Mordes im Gefängnis.

Es ist eine Sensation für die Bürger zwischen Ingolstadt und Augsburg. Im Herbst 1937 verhaftet die Polizei die drei Brüder Gabriel. Sie wurden durch die Aussagen einer Zeugin schwer belastet. Als Miterben des Hinterkaifecker Vermögens hatte die Kripo sie schon von Anfang an in Verdacht.

Josef Gabriel, der 1937 in Rettenbach bei Wasserburg als Gastwirt lebt, kommt ins Untersuchungsgefängnis nach Augsburg. Anton und Jakob, beide Landwirte in Schlot bzw. Waidhofen, werden von Kommissär Peter Schuster und Xaver Meiendres vom Gendarmerie-Posten Sandizell ins Amtsgerichtsgefängnis nach Schrobenhausen eingeliefert.

»Die und keine andern sind's gewesen«, flüstern sich viele Leute zu. »Die wollten die Ehre ihres gefallenen Bruders wiederherstellen.«

Überall, wo Menschen zusammenkommen, wird heftig diskutiert. Die Frage nach den Tätern spaltet die Bevölkerung in mehrere Lager.

Am Tag, nachdem die Verhaftung in den Zeitungen stand, reißt ein Gespräch tiefe Gräben in die Stammtischrunde einer Schrobenhausener Wirtschaft. »Klar«, sagt ein älterer Landwirt, »die mußten doch ihren Bruder rächen.«

»Ist ja auch eine Sauerei«, mischt sich ein anderer ein. »Während der Mann im Feld ist, sich mit fremden Männern einzulassen. Und dann auch noch mit dem eigenen Vater.«

»Die Gabriels werden die eigene Schwägerin und die anderen Verwandten umgebracht haben. Ihr spinnt's doch!«

»Recht hast«, schreit ein Vierter und haut seinen Maßkrug auf den Tisch, daß das Bier überschwappt und einem Unbeteiligten ins Gesicht spritzt. Als dieser sich beschweren will, wird er niedergeschrien. »Hört's auf, jetzt gebt's aber a Ruh.« Schon allein wegen der anderen Gäste muß der Wirt eingreifen. Drohend baut er sich vor dem Tisch auf. »Wenn Ihr raufen wollt's, dann machts das bitte draußen aus.«

Schlichtend wirft ein Männchen, höchstens 1,50 Meter groß, mit Runzelfalten und einer Nickelbrille, ein: »So lange die keinen Täter haben, ist jeder verdächtig.« Dann rückt er die Brille zurecht, als wolle er damit die Bedeutung seiner Worte unterstreichen. »Bis die Kriminaler hundertprozentig wissen, wer es war, kann es jeder gewesen sein.« Mühsam erhebt er sich und fuchtelt mit seinem Arm kreuz und quer in die Runde: »Auch Du und Du oder Du . . .«

Schon einige Tage später ist die Polizei wieder am Ende. Die drei Brüder werden genau drei Wochen nach ihrer Verhaftung aus dem Gefängnis entlassen.

# XI.
# Ein ungeheurer Verdacht

»Das wäre ja ungeheuerlich – wenn da was dran ist . . .« Der Beamte der Augsburger Kripo kann sich gar nicht mehr beruhigen. »Da haben wir und die Kollegen vor uns 21 Jahre lang wie die Verrückten hunderte von Spuren verfolgt, aber auf diese Idee . . .«

Mehrere Kripo-Leute umringen aufgeregt ihren Chef. »Was«, schreit einer, »der Fall Hinterkaifeck steht vor der Aufklärung.«

Der Vorgesetzte beschwichtigt seine Leute. »Noch ist es nicht ganz so weit.« An die etwa 45 Jahre alte Frau gewandt, die vor ihm auf einem Stuhl sitzt, sagt er: »Sie waren also während der Tat als Magd auf dem elterlichen Hof von Karl Gabriel beschäftigt?«

»Ja, ja«, ereifert sich Maria G. »Ich kannte den Karl gut und kann mich noch genau erinnern, wie er damals die junge Viktoria von Hinterkaifeck geheiratet hat.«

Danach zieht der Beamte das Blatt aus der Schreibmaschine. »Ich lese Ihnen nochmal vor, was Sie zu Protokoll gegeben haben. Wenn etwas nicht stimmt, unterbrechen Sie mich einfach. Ich fang jetzt an.«

»Karl Gabriel soll heute noch in Rußland leben. Er soll sogar im jetzigen Krieg als Kommissar eingesetzt sein. Dies hat ein Fronturlauber in einer Wirtschaft in Schrobenhausen erzählt. Dieser sei mit einigen Kameraden vor einigen Monaten in russische Gefangenschaft geraten. Bei der Vernehmung durch einen Kommissar habe dieser an der Mundart sofort erkannt, daß die Gefangenen aus Bayern stammen. Sie mußten dann ihre Heimatorte nennen. Als einer Ebenhausen sagte, habe der Kommissar gefragt, ob er auch Hinterkaifeck kenne. Dann brachte er das Gespräch auf den Mord. Plötzlich habe er gesagt: ›Ich bin der Mörder, man braucht nach keinem anderen Täter mehr zu suchen.‹ Dann habe der Kommissar noch gesagt, er habe seine Familie deshalb umgebracht, weil seine Frau während seiner Abwesenheit von ihrem leiblichen Vater ein Kind geboren hat. Nach diesem Geständnis habe der Kommissar die Gefangenen wieder freigelassen und zur deutschen Truppe geschickt.«

71

Der Beamte versieht das Schriftstück noch mit dem Zusatz »Selbst gelesen, genehmigt und unterschrieben« und dem Datum 16. April 1943. Dann läßt er die Frau unterschreiben.

Kaum hat die Zeugin das Zimmer verlassen, wird die Polizei in Hohenwart alarmiert. Der Befehl aus Augsburg: »Der unbekannte Fronturlauber ist schnellstens zu ermitteln und festzunehmen.«

Trotz strengster Geheimhaltung sickert die Neuigkeit durch. Die Bevölkerung atmet auf – trotz Krieg und Massensterben, Hinterkaifeck hat nichts von seinem Schauder eingebüßt.

Die Aichacher Zeitung bereitet schon einen großen Bericht vor. Auch die Überschrift steht bereits fest: »Mord nach 21 Jahren aufgeklärt.«

Der Artikel beginnt so: »Vor 21 Jahren erregte ein Mord auf der Einöde Hinterkaifeck, dem eine ganze Familie zum Opfer fiel, großes Aufsehen. Der Mörder ging damals flüchtig und konnte nicht ausfindig gemacht werden. Dieser Mord hat nun auf überraschende Weise Aufklärung gefunden. Drei Soldaten aus der Schrobenhausener Gegend, die von der Ostfront in Heimaturlaub kamen, berichten nämlich folgende abenteuerliche Geschichte. Bei einem Nahkampf gerieten sie mit anderen in sowjetische Gefangenschaft. Der befehlende Sowjetkommissar richtete nun an alle Gefangenen die Frage, ob sich Leute aus Schrobenhausen darunter befänden. Als sich unsere drei Gewährsleute meldeten, gestand er ihnen gegenüber, daß er der gesuchte Mörder von Hinterkaifeck sei und um zu verhindern, daß ein Unschuldiger für seine Tat büßen müsse, gab er die drei Schrobenhausener frei. Der Mörder, der niemand anderer als der Vater der ermordeten Familie war, sei bereits im Ersten Weltkrieg in russische Gefangenschaft geraten. 1922 sei es ihm gelungen, durch Flucht in die Heimat zu entkommen. In München blieb er auf seiner Flucht über Nacht und dort brachte er zufällig in Erfahrung, daß seine Frau auf der Einöde Hinterkaifeck mit einem anderen Manne zusammenlebte und von diesem Kinder bekommen habe. Darüber sei er in solche Wut geraten, daß er sich sofort nachhause aufmachte und mitten in der Nacht seine Frau mit dem fremden Manne nebst Kindern und Dienstmagd, insgesamt sieben Personen, mit einer Spitzhacke erschlug. Nach der Tat durchwühlte er seine ganze Wohnung nach

Geld- und Wertsachen, wodurch der Eindruck eines Raubmordes erweckt werden sollte. Um bei der Flucht durch das Brüllen der Tiere im Stall nicht verraten zu werden, hatte er den Tieren für zwei Tage Futter aufgeschüttet. Vor der Tat hatte er sich fünf Tage lang auf dem Heuboden versteckt, um zuvor die ganze Lage auszuspähen. Nach der Tat flüchtete er nach Rußland zurück, wo er es infolge seiner viehischen Grausamkeit allmählich bis zum Volkskommissar brachte – wiederum ein schlagender Beweis, aus welchem Verbrechergesindel sich Stalins Volkskommissare rekrutieren. Bei der Bevölkerung Schrobenhausens wird aber die Aufklärung dieses Mordes nicht weniger Aufsehen und Überraschung hervorrufen, wie die damalige Bluttat vor 21 Jahren. Wir geben diese Geschichte, die man sich in unserem Kreisgebiet erzählt und für deren Richtigkeit wir keine Gewähr übernehmen können, nur mit allem Vorbehalt bekannt. Sonderbar ist, daß der grausame Kommissar plötzlich sein Gewissen und sein weiches Herz entdeckt hat, was schließlich nur damit zu erklären wäre, daß es sich bei ihm ja um einen Menschen handelt, der Deutscher gewesen ist. Auch wäre es denkbar, daß er auf diese Weise in seiner Heimat sich einen berühmten Namen machen wollte.«

Doch der Artikel erscheint nie. Kurz vor seiner Veröffentlichung kommt ein Stop von höchster Stelle. Er erscheint selbst den Verantwortlichen der Partei als zu dick aufgetragen und in einigen Punkten des Tathergangs und hinsichtlich der Zahl der Opfer als falsch. Am 17. Mai 1943 teilt der Verlag der Aichacher Zeitung dem Polizeiposten Schrobenhausen mit: »Im Benehmen und auf Weisung des stellvertretenden General-Kommandos VII. A. K. München haben wir den Bericht zurückgestellt, bis endgültige Klärung des Sachverhaltes erfolgt ist.«

Trotz fieberhafter Nachforschungen kann die Version mit dem russischen Kommissar nicht erhärtet werden. »Irgendetwas ist dran, an dieser Geschichte – wenn wir nur wüßten, wo der Hebel anzusetzen ist«, sagt der Stationsleiter in Hohenwart. Aber er kommt nicht weiter. Resigniert meldet er am 3. Juni 1943 nach Augsburg: »Die Nachforschungen im ›Unterbräu‹ Schrobenhausen blieben ergebnislos. Es ist dort weder den Wirtsleuten noch der Bedienung von einer solchen Erzählung durch Soldaten bekannt.«

# XII.
## Die Mordakten verbrennen

Die Luft über Augsburg ist erfüllt vom schaurigen Heulen der Sirenen. Es ist Freitag, der 25. Februar 1944, 13.30 Uhr. Wer in diesen Minuten unterwegs ist, rennt so schnell er kann zum nächsten Luftschutzkeller.

Auch im historischen Justizgebäude gegenüber dem Stadttheater hasten die Bediensteten in die Schutzräume. Minuten später hören es alle: das tiefe Dröhnen von Flugzeugmotoren. Die Beobachtungsposten, die von verschiedenen Punkten der Stadt aus den Himmel absuchen, kommen mit dem Zählen nicht mehr nach.

Zweihundert alliierte Bomber und Jagdmaschinen sind es, die an diesem eisigen Februarnachmittag Kurs auf Augsburg nehmen. Ein blutjunger Flak-Soldat hält sich an seinem Geschütz fest. »Mein Gott, das hört ja gar nicht mehr auf.« Wie versteinert steht er angesichts der tödlichen Gefahr neben seiner Deckung und starrt fassungslos nach oben.

Da zerreißen auch schon die ersten Detonationen die Luft.

»Das ist ein schönes Stück von uns entfernt«, stellt ein älterer Richter im Schutzraum des Justizgebäudes erleichtert fest. Nicht ohne Galgenhumor fügt er hinzu: »Die Verhandlung werden wir aber trotzdem auf einen späteren Zeitpunkt verschieben müssen.«

Bei der Justiz wird wie bei fast allen Behörden und Betrieben nach diesem Luftangriff auf die Messerschmitt-Werke nicht mehr viel gearbeitet. Nach Dienstschluß bleiben nur noch zehn Angestellte, meist Mädchen und Frauen, in dem riesigen Haus. Ausgerüstet mit Helmen und Gasmasken sollen sie nachts Kontrollgänge durch das klassizistische Gebäude machen und bei einem eventuellen Brand als erste löschen.

Zu der Gruppe, die in der Nacht vom Freitag auf Samstag Dienst hat, gehört auch Dorothea Strauß. Sie befindet sich mit einer Kollegin gerade auf Kontrollgang. Da heulen die Sirenen schon wieder. Dorothea Strauß schaut auf ihre Armbanduhr. Die Zeiger stehen kurz vor acht.

Zwei Justiz-Angestellte, die in einem kleinen Betonbunker auf dem Speicher sitzen, werden kreidebleich. Wohin sie schauen, tauchen wieder Flugzeuge am dunklen Himmel auf. Gespenstisch fressen sich die gleißenden Scheinwerfer der um Augsburg stationierten Fliegerabwehr-Einheiten in die Nacht.

Da – die ersten Maschinen werfen »Christbäume« ab. Schlagartig ist es taghell. Und schon fallen die ersten Bomben. Es ist ein Bersten, Krachen, Getöse, als ob die Welt untergehen müßte.

Die Wache im Justizgebäude flüchtet in den Keller. Keine Sekunde zu früh. Denn schon zu Beginn des Angriffs schlagen Phosphor- und Stabbrandbomben bis zum ersten Stock durch. Langsam breitet sich das Feuer aus. Schon folgen weitere Treffer. Alles brennt auf einmal lichterloh: das Justizgebäude, das Stadttheater, das Fuggerschlößchen, das historische Rathaus . . .

Zum Löschen kommt die Luftschutzwache des Justizgebäudes nicht mehr. Das Wasser ist eingefroren.

Nach etwa einer Stunde ist der Luftangriff zu Ende. Die Überlebenden atmen auf. Im gesamten Stadtgebiet beginnen die Löscharbeiten. Doch da heulen schon wieder vereinzelt Sirenen. Die meisten Alarmanlagen bleiben jedoch stumm, denn die Stromkabel sind zerstört.

Der dritte Angriff an diesem Tag beginnt um 21.45 Uhr. In der Stadtjägerstraße 5 eilen die Hausbewohner in den nur vier Stufen tiefen Keller. Bis auf einen älteren kranken Mann sind es Frauen, Mädchen und Kinder. Eine Mutter betet halblaut. Dann eine furchtbare Explosion. Das ganze Haus bebt, wankt. Elfriede Knoll, die gleich an der Türe sitzt, preßt beide Handflächen an die Ohren. Putz bröckelt von der Decke. Eine ältere Frau wird ohnmächtig. Die anderen merken es erst, als sie von der Bank rutscht und zu Boden stürzt. Eine zweite bekommt einen Herzanfall.

Kurz vor Mitternacht traut sich Elfriede Knoll nach oben. Immer noch explodieren vereinzelt Bomben in der Umgebung. Über Schutt, herausgerissene Fenster und Türstöcke bahnt sie sich einen Weg in den ersten Stock. Das Haus selbst hat keinen Treffer abbekommen. Die schweren Verwüstungen stammen vom Luftdruck der Bomben, die das Nachbargebäude vernichteten.

75

Schließlich wagt sich Elfriede Knoll auf die Straße. Die ganze Stadt ist ein Flammenmeer. Der Feuerschein färbt den Himmel blutrot. Erschüttert starrt sie in das Chaos. Sie kann die Tränen nicht mehr zurückhalten. Minutenlang weint sie hemmungslos.

»Alles her – wir brauchen Wasser. So helft doch!« Wirre Schreie gellen durch die Feuerhölle. Mit zwei Kübeln rennt Elfriede Knoll in den Keller ihres Hauses. Dort ist die einzige noch intakte Wasserleitung. Nur langsam füllen sich die Eimer. So schnell es geht, läuft sie zum Nachbarhaus. Sie merkt nicht, wie die Eimer überschwappen, spürt nicht das eiskalte Wasser an ihren Füßen.

Im Gebäude nebenan hat das Feuer den Dachstuhl bis hinunter zum zweiten Stockwerk erfaßt. Trotzdem stürzen Männer und Frauen in das Haus, kämpfen sich bis zu den Flammen vor, leeren ihre Kübel aus und rennen erneut los.

Und da wieder ein neuer Schrei. »Alles weg, schnell in die Keller – ein Angriff!«

Im Justizgebäude hat die Wache schon vor dem Anflug dieser letzten Welle den verqualmten Keller verlassen. Hustend und mit beißenden Augen flüchteten die Angestellten in ein Nachbarhaus. Als sich Dorothea Strauß nochmals umdrehte, brannte das gesamte Justizgebäude. Uniformierte, die an der Gruppe vorbeiliefen, brüllten: »Verschwindet's endlich von der Straße – da gibt es nichts mehr zu retten.«

In dieser Nacht verbrennen alte Kirchen, stolze Patrizierhäuser, Teile der weltberühmten Fuggerei und – auch die Akten über den Mordfall Hinterkaifeck, die Tatwaffe und weitere wichtige Beweisstücke.

Augsburg brennt drei Tage und drei Nächte lang. Während bis aus Ulm, München und Ingolstadt Feuerwehr- und Einsatz-Reserven herangezogen werden, verlassen Tausende von Obdachlosen die Stadt.

Vom Justizgebäude bleibt nur die Fassade stehen. Der Brand schwelt noch nach einer Woche.

Unmittelbar nach der Katastrophe erstellt der Polizeipräsident von Augsburg, SS-Brigadeführer Stark, eine Statistik. Am 1. März 1944 meldet er in dem Geheimschreiben SL 5560a/B Nr. 48/44, daß an den Luftangriffen am 25./26. Februar rund 700 feindliche Maschinen beteiligt waren. Sie warfen 2500 Minen- und Sprengbomben, 250 000 Stabbomben, 45 000 Phosphorbrandbomben, 1200 Flüssigkeitsbrandbomben und etwa 20 000 Flugblätter ab.

Die traurige Bilanz der Toten liest sich in der nüchternen militärischen Statistik so: »Gefallen insgesamt 424, davon Männer 203, Frauen 189, Kinder 32.«

1320 Menschen wurden bei den Angriffen verwundet. 104 Personen sind am 1. März immer noch verschüttet. SS-Brigadeführer Stark in seinem Geheim-Papier: »Nach Lage der Fälle ist nicht damit zu rechnen, daß noch Verschüttete lebend geborgen werden.« 85 000 Bewohner Augsburgs sind obdachlos geworden.

Eine vorläufige Übersicht ergibt, daß in der Schreckensnacht 2940 Wohngebäude, 252 Wirtschaftsgebäude, 38 öffentliche Gebäude, 63 Fabriken und 51 Scheunen total zerstört worden sind. Unzählige andere Häuser wurden zum Teil schwerstens beschädigt.

Im letzten Absatz des geheimen Schreibens meldet SS-Brigadeführer Stark: »Im Verhältnis zu der Schwere der Angriffe sind die erlittenen Verluste an Menschenleben als gering zu bezeichnen.«

# XIII.
## Der »Russe aus Bayern«

Der Zweite Weltkrieg ist schon sechs Jahre zu Ende. Da taucht der Name Hinterkaifeck wieder in der Presse auf. Ohne besonderen Anlaß veröffentlicht der »Donau Kurier« in Ingolstadt im Herbst 1951 eine Serie unter dem Titel »Die Nacht von Hinterkaifeck«. Es ist der Versuch einer Deutung dieses Verbrechens. Der Autor hat alles zusammengetragen, was zum Teil bekannt oder auch Volksmeinung ist.

Daß mit den wenigen Folgen der Serie eine Lawine ins Rollen kommt, ahnt niemand.

Anfang November 1951 spricht der Ingolstädter Kraftfahrer Matthäus E. einen Zeitungsreporter an und meint: »Na, die Sache da mit Hinterkaifeck, wie Ihr sie schreibt, die stimmt nicht immer.« Und nach einigem Zögern erzählt der Mann dem Journalisten: »Ich habe einen kennengelernt, der hat sich als Mörder von Hinterkaifeck bezeichnet.«

Der Redakteur spricht mit seinem Vorgesetzten. Am 6. November 1951 erscheint Matthäus E. in der Redaktion des »Donau Kurier«. In Anwesenheit von zwei Redakteuren erzählt er sein Erlebnis. Mißtrauisch lassen die Journalisten eine Erklärung mit folgendem Inhalt aufsetzen: »Ich erkläre hiermit, daß die von mir gemachten Aussagen bezüglich Hinterkaifeck der vollen Wahrheit entsprechen.« Ohne Zaudern unterschreibt Matthäus E.

Auch die »Schwäbische Landeszeitung« in Augsburg erfährt davon. Zusammen mit einem Bekannten fährt Lokalreporter Alfons Schertl nach Ingolstadt. In einer kleinen Gaststätte treffen sie sich mit dem Informanten.

Matthäus E. läßt sich nicht lange bitten. Sachlich und überlegt erzählt er. Vor den Augen seiner beiden Zuhörer formen sich die Sätze zu einem Bild. Sie sind plötzlich mitten drin in den unglaublichen Ereignissen des 24. Mai 1945. . .

. . . Eine versprengte deutsche Einheit ist an diesem Tag auf der Flucht vor den Russen. In zerrissenen Uniformen, ausgehungert und ohne jede Illusion schleppen sich die Soldaten und eine Krankenschwester auf der staubigen Landstraße bei Neuhaus in Böhmen Richtung Westen.

Ein jüngerer Unteroffizier versucht einen Witz. »Wenn wir erst zuhause sind, werden wir alle Ehrenmitglieder bei den Wandervögeln.« Niemand lacht. Einer brummt »Idiot«.

Da hören sie Motorenlärm. Die Soldaten, unter ihnen Matthäus E. von der 71. Infanterie-Division, werfen sich rechts und links in den Straßengraben. Zu spät. Die Russen, die in mehreren Fahrzeugen näherkommen, haben sie längst gesehen.

Dann geht alles sehr schnell. Die Deutschen werden zusammengetrieben, nach Waffen durchsucht. Schließlich müssen sie sich in Dreierreihen aufstellen. »Dawai« schreien die Russen und zeigen in Richtung Osten.

»Aber da kommen wir ja gerade erst her«, weint ein junger Soldat, als sie nun unter Bewachung den Weg wieder zurückmarschieren, den sie gerade gegangen waren. Es ist der jüngste der Gruppe. In den letzten Tagen hatte er nur noch von seiner Mutter erzählt.

Nach einigen Kilometern müssen die Gefangenen auf freiem Feld anhalten. Mehrere schwerbewaffnete Russen bewachen sie. Es ist heiß. Eine Stunde vergeht, zwei, drei. Auf einmal rufen sich die Wachposten gegenseitig etwas zu. Da taucht auch schon ein höherer Offizier auf.

Matthäus E. blickt ängstlich auf die ordenbestückte Uniformjacke des Russen. Ein Kommissar. Mit finsterem Blick schreit dieser einen der Posten an. Dann geht er auf die Gefangenen zu. Nichts Gutes ahnend stehen sie auf.

Als der Offizier an Matthäus E. vorbeigeht, sagt dieser zu seinem Kameraden Fritz Herrmann: »Du, jetzt glaub' i geht's nach Rußland.« Und die Krankenschwester Erika aus Regensburg, die neben ihnen steht, jammert: »Was werden die jetzt mit uns machen. . .?«

Einen Moment sieht es so aus, als würde der russische Polit-Offizier bei ihnen stehenbleiben. Doch er geht weiter.

Seit Tagen haben die Soldaten nichts Ordentliches mehr gegessen. Alle sind am Ende ihrer Kräfte. Matthäus E. rafft sich auf, tritt an den nächsten Wachposten heran und fragt, ob er etwas zu essen haben könnte.

Als der Russe nicht versteht was er will, benützt Matthäus E. die Zeichensprache. Doch der Posten schüttelt nur den Kopf und deutet auf den Offizier. Minutenlang schreckt Matthäus E. davor zurück, den finsterblickenden Kommissar anzusprechen. Endlich überwindet er sich.

In strammer Haltung bleibt er einige Schritte vor dem Russen stehen. Dieser mustert ihn von oben bis unten. Mit einem Zittern in der Stimme bringt Matthäus E. seinen Wunsch vor. »Essen – Hunger«, sagt er immer wieder langsam und überdeutlich und deutet dabei mit dem Zeigefinger der rechten Hand auf den Mund.

Der Blick des Russen verdüstert sich noch mehr. Seine stechenden Augen verfolgen aufmerksam jede Regung des Gefangenen. Plötzlich sagt er in tadellosem Deutsch: »Wo kommst Du eigentlich her?«

Matthäus E. reißt die Augen auf. Sprachlos starrt er den Kommissar an. Jetzt glaubt er um dessen Mundwinkel ein hämisches Grinsen zu erkennen.

Erst als der Russe seine Frage wiederholt, ist Matthäus E. zu einer Antwort fähig. »Aus . . . aus . . . Schro . . . benhausen . . .«

»So, so Schrobenhausen«, sagt der Kommissar nun in unverfälschtem oberbayerischen Dialekt. »Dös kenn' i a.« Dann dreht er sich um, geht weg, ohne den Gefangenen auch nur noch eines Blickes zu würdigen.

Kaum ist Matthäus E. bei seinen Kameraden zurück, bekommt er auch schon ein Stück Brot.

Wenig später müssen die Soldaten wieder antreten. Der Marsch in die russische Gefangenschaft beginnt. Während sie auf der holprigen Straße dahintrotten, denkt Matthäus E. unentwegt an die Worte des Kommissars. Er kann sich auf das Ganze keinen Reim machen.

Am späten Nachmittag dürfen die Kriegsgefangenen eine kurze Rast einlegen. Wo sie gerade stehen, lassen sich die Männer in den Graben fallen. Keiner spricht ein Wort. Alle haben Durst.

Ob ich es nochmal versuchen soll, überlegt Matthäus E., verwirft jedoch diesen Gedanken wieder. Doch dann gibt er sich innerlich einen Ruck. »Was kann mir schon noch viel passieren«, murmelt er vor sich hin, während er diesmal direkt auf den Kommissar zugeht. Der lehnt an der Türe des Befehlsfahrzeuges, die Augen halb geschlossen.

Matthäus E. bleibt wieder einige Schritte vor ihm stehen, nimmt Haltung an und räuspert sich. Als ihn der Russe anschaut, bittet er höflich um einen Schluck Wasser.

Der Kommissar greift in den Wagen, reicht dem Gefangenen eine Feldflasche. Gierig trinkt Matthäus E. Der Russe beobachtet wieder jede seiner Bewegungen genau.

Noch bevor Matthäus E. fertig ist, fragt ihn der Russe: »Kennst nacha a Waidhofn?« Der Gefangene verschluckt sich, muß husten. Aufgeregt nickt er schließlich mit dem Kopf.

Der Kommissar kommt ihm auf einmal unheimlich vor. Da fragt dieser schon wieder. »Dann kennst a Gröbern?«

Erstaunt sagt Matthäus: »Ja.«

»Und . . . a . . . Hinterkaifeck . . .?«

Diesmal verschlägt es Matthäus E. die Sprache. Er bringt sekundenlang nichts mehr hervor. »Ja – natürlich«, stottert er schließlich. Denn als Bub ist er oft bei den Hinterkaifeckern vorbeigegangen und hat in der schlechten Zeit auch mal um Kartoffeln auf der Einöde gebettelt.

Als er sich wieder gefaßt hat, erzählt er dem Kommissar alles, was er über Hinterkaifeck weiß. Daß der Hof nicht mehr steht und die Mörder nie gefaßt wurden.

Matthäus E. erschrickt. Denn bei seinen letzten Worten hat sich die Miene des Offiziers verfinstert. Mit sturem Blick starrt er an dem Gefangenen vorbei in die Ferne. Dann dreht er sich um, kümmert sich nicht weiter um Matthäus E.

Wie angewurzelt bleibt der stehen. Nach einigen Minuten kommt der Kommissar wieder. Er drückt ihm einen Zettel in die Hand: »Sag an schöna Gruaß dahoam. Und wenn Di oana frag'n sollt, dann sagst, der Mörder von Hinterkaifeck hat Di entlass'n!« Trotz aller Überraschung ist Matthäus E. geistesgegenwärtig genug, um auf den Schein auch noch seinen Freund Fritz Herrmann aus Magdeburg und die Regensburger Krankenschwester eintragen zu lassen. Ohne einen Dank abzuwarten, hat der Kommissar mittlerweile seinen Wagen bestiegen. Staunend stehen die drei soeben Entlassenen auf der staubigen Landstraße, sehen zu, wie die Gefangenen sich wieder sammeln und Richtung Osten weitermarschieren.

Mit dem Passierschein des Kommissars kommen die Drei durch alle russischen Sperren. Bei Linz in Österreich erreichen sie nach zwei Tagen von den Amerikanern besetztes Gebiet. Am 3. Juni ist Matthäus E. daheim in Ingolstadt. . .

Die zwei Zeitungsleute haben der Geschichte des Heimkehrers aufmerksam zugehört. Stumm trinken sie an ihrem Bier, das schon die ganze Zeit vor ihnen auf dem Tisch steht.

»Beschreiben Sie uns doch nochmal den Kommissar genau«, bittet Alfons Schertl. Während Matthäus E. erzählt, macht sich der Reporter eifrig Notizen.

»Der Mann, der mich entlassen hat, war bestimmt ein höheres Tier. Genau kannte ich mich damals mit den Dienstgraden nicht aus. Jedenfalls hatte er die Brust voller Orden, war 1,65 bis 1,70 Meter groß, ungefähr 55 bis 60 Jahre alt und trug auf der Oberlippe einen Bart. . .«

An dieser Stelle unterbricht ihn Alfons Schertl. »Wer könnte denn der Russe gewesen sein? Sie haben doch auch den Schwiegersohn Gabriel, den jungen Hinterkaifecker gekannt, der auf den Hof geheiratet hatte?«

»Ja, ich kann mich erinnern an den Gabriel«, meint Matthäus E. bedächtig. »Ich habe schon oft darüber nachgedacht. Wenn ich das Alter dazurechne und mir das Gesicht da unter der russischen Schirmmütze nochmals vorstelle, möchte ich sagen, daß er es gewesen sein könnte.«

»Aber«, lenkt Schertl erneut ein, »der Karl Gabriel ist doch bereits im Ersten Weltkrieg gefallen.«

Matthäus E. kann sich ein Lächeln nicht verkneifen. Er trinkt erst einen Schluck und meint dann: »Es sind schon viele amtlich gefallen, die nachher wieder gekommen sind.«

Die beiden Augsburger unterhalten sich noch lange mit Matthäus E. Ihre anfängliche Skepsis ist gewichen. Auf einige Zwischenfragen sagt der Heimkehrer: »Das weiß ich nicht.« Auch läßt er einiges unbeantwortet, wo er hätte gefahrlos aufschneiden können. Für die Interviewer haben sich seine Aussagen zu einem erschreckend präzisen Verdacht geformt.

# XIV.
## Das Beichtgeheimnis

Die sensationellen Enthüllungen von Matthäus E. liest auch der 19jährige Schriftsetzer Rudolf Storz. Er wohnt bei seiner Mutter in der Münchner Tengstraße. Wie Schuppen fällt es ihm plötzlich von den Augen. Er sieht einen mittelgroßen, mit allerlei Heiligenbildern und Figuren ausgestatteten Raum vor sich. Er selbst sitzt mit mehreren Gleichaltrigen auf einer Holzbank, genau gegenüber einem Geistlichen in langem schwarzem Rock.

Da fällt Rudolf Storz auch der Name des katholischen Priesters wieder ein: Benefiziat Anton H. Ein beleibter, freundlicher Herr mit viel Idealismus und großem Berufseifer.

Es war in den ersten Nachkriegsjahren in Weißenhorn bei Neu-Ulm. Rudolf Storz und seine Mutter waren aus dem zerbombten München evakuiert worden. In dem gemütlichen schwäbischen Städtchen fanden sie vorübergehend eine neue Heimat.

Jetzt erinnert sich der Schriftsetzer genau. Es muß 1948 gewesen sein. Zusammen mit etwa zehn Gleichaltrigen sitzt er eines Tages um Benefiziat Anton H. im Pfarrheim. Sie diskutieren gerade über das Beichtgeheimnis. Lang und breit schildert der Geistliche den Sinn und die Bedeutung dieses Sakramentes.

»Pater Nepomuk«, greift er historisch weit zurück, »hat für das Beichtgeheimnis sogar sein Leben geopfert.«

Dann liest er der Gruppe aus einem dicken, leinengebundenen Buch vor: »Man schrieb 1372. In diesem Jahr wurde der Name Johannes Nepomuk erstmals schriftlich erwähnt – in einer Urkunde der bischöflichen Kanzlei in Prag. Der Vollwaise dürfte zu diesem Zeitpunkt bereits Notar des Prager Bischofs gewesen sein. Vielleicht war er auch schon zum Priester geweiht. Vom Jahre 1374 an führte er als Protonotar die Protokolle des geistlichen Gerichts.«

»Ein Jahr später wurde Johannes Nepomuk, der aus dem kleinen Dorf Pomuk bei Pilsen stammte, Haus- und Tischgenosse des Erzbischofs Ocko von Vlasim.«

Benefiziat Anton H. blickt in die Runde. »Das war eine große Ehre für den jungen Johannes, Buben, Ihr müßt Euch vorstellen, daß er keine einflußreichen Eltern hatte und nicht von adeliger Abstammung war – das war sehr wichtig damals.«

»1380 ernannte ihn der neue Erzbischof Johann von Jenstein zu seinem Geheimsekretär und gleichzeitig zum Pfarrer von St. Gallus in der Prager Altstadt.«

»Das war ein rascher Aufstieg zu einflußreichen kirchlichen Ämtern und Würden. 1387 wurde Nepomuk Direktor des Kirchenrechts und zwei Jahre darauf Generalvikar der Erzdiözese Prag.«

»Doch der Prunk und die Pracht mittelalterlichen Prälatentums lag Johannes Nepomuk nicht. So oft es seine Zeit erlaubte, vertauschte er seinen Schreibtisch mit der Kanzel der Teynkirche. Dort unter dem Volk der Krämer und Handwerker fühlte er sich zuhause, dort wollte er der Seelsorger der Armen und Bedrängten sein. Unparteiisch und unbestechlich ordnete er die oft verworrenen Angelegenheiten des großen Erzbistums, stellte sich jederzeit schützend vor die Rechte des kleinen Mannes gegen alle Unterdrücker.«

Benefiziat Anton H. senkt seine Stimme. Die Buben hören ihm neugierig zu. »Doch gerade das brachte ihm Haß, Neid und Mißgunst ein. Der einflußreiche Adel und die mächtige Beamtenschaft hetzten bei König Wenzel IV. gegen Nepomuk. Sie fanden bei dem Herrscher, der nach einem mißglückten Attentat zum Säufer geworden war, ein offenes Ohr.«

»Im Frühjahr 1393 erreichten die Spannungen zwischen Hof und Domkapitel ihren Höhepunkt. In panischer Angst flohen die Geistlichen Hals über Kopf aus Prag in das nahe Augustinerkloster Raudnitz. Dort hielt sich gerade auch Erzbischof Johann von Jenstein auf.«

»Als König Wenzel davon erfuhr, raste er vor Zorn. Über einen Kurier befahl er den Geflüchteten, unverzüglich nach Prag zurückzukehren. Begleitet von ihrem Erzbischof wagten sich die Domherren wieder in die Stadt. Direkt vor der Johanniterkirche passierte es dann. Die Gruppe begegnete dem Monarchen. In einem Tobsuchtsanfall beschimpfte der König die Priester und überhäufte sie mit Flüchen. Tapfer ging der Erzbischof auf den Rasenden zu. Um ihn zu beschwichtigen, warf er sich vor sein Pferd auf das Kopfsteinpflaster.«

»Doch Wenzel ahmte nur höhnisch den Kniefall nach. Barsch befahl er seinen Rittern, einige der Domherren auf der Stelle zu verhaften. Sie wurden in die Königsburg geschleppt und schrecklich gefoltert. Nachdem man von ihnen den Eid ewigen Stillschweigens erpreßt hatte, ließ der Monarch sie laufen – bis auf einen.«

»Johannes Nepomuk, der Beichtvater der knapp sechs Jahre vorher verstorbenen Königin Johanna, wurde weiter gefoltert. Er sollte Dinge gestehen, die er nie getan hatte und schließlich dem brutalen Herrscher sogar die Sünden der Königin verraten. Wenzel selbst hielt in der düsteren Folterkammer dem Geistlichen brennende Pechfakkeln vors Gesicht. Dann schrie er: ›Ich will alles wissen, was meine Frau bei Dir gebeichtet hat – alles, hörst Du!‹«

»Doch Johannes Nepomuk schwieg. Kein Wort kam über seine Lippen. Auch nicht, als ihm der König eine brennende Fackel auf den nackten Oberkörper stieß. Voller Wut befal der Monarch: ›Werft Ihn in die Moldau.‹«

»In der Nacht vom 20. auf den 21. März 1393 zerrten die Henkersknechte den Generalvikar durch die Gassen und Straßen von Prag. Auf der Moldaubrücke fesselten sie ihm mit groben Stricken die Hände auf den Rücken. Dann banden sie ihm Füße und Kopf wie ein Rad zusammen. Um seinen Todeskampf noch qualvoller zu machen, rammten sie ihm zwischen Ober- und Unterkiefer einen kleinen Holzpflock. Nepomuk konnte seinen Mund nicht mehr schließen. Unter den übelsten Beschimpfungen stürzten sie ihn endlich von der Brücke ins Wasser.«

Im Pfarrheim ist es ganz still. Benefiziat Anton H. weiß, was die Buben jetzt denken. Um ihren Fragen zuvorzukommen, sagt er: »Es gab niemanden, der Johannes Nepomuk hätte helfen können. Auch der Bischof nicht. Die Macht des verrückten Königs war viel zu groß, er selbst völlig unberechenbar. Der Erzbischof hätte nur sich selbst und andere Geistliche in Gefahr gebracht.«

»Später wurde Johannes Nepomuk heiliggesprochen. Er erhielt eine würdige Ruhestätte im Dom zu Prag. Während sein Körper verweste, blieb die Zunge, die das Beichtgeheimnis gewahrt hatte, unversehrt. Sie wird heute noch als kostbares Reliquar in der Schatzkammer aufbewahrt.«

Die Jugendlichen sind noch ganz gefesselt von der Erzählung des Priesters. Die Lebensgeschichte des Heiligen hat sie tief beeindruckt. Auch wenn die Sache mit Nepomuk schon lange her ist.

»Seht Ihr, ich könnte Euch dazu auch noch ein anderes Beispiel nennen. Einen Fall, den ich selbst erlebt habe.« Der Seelsorger runzelt nachdenklich die Stirn.

Nach einer kleinen Pause fährt er fort: »Es ist Euch sicher der Mord von Hinterkaifeck ein Begriff. Seit diesem Verbrechen gab es viele Vermutungen und Verhaftungen. Aber bis heute sind die Mörder der Polizei unbekannt.«

In dem Zimmer ist kein Laut zu hören. Auch Benefiziat Anton H. schweigt. In die Stille hinein sagt der Geistliche: »Und doch bräuchte ich nur den Mund aufzutun und das Geheimnis wäre gelüftet. Ich kenne nämlich die Mörder von Hinterkaifeck.«

Die letzten Worte des Priesters klangen so selbstverständlich und ungerührt, daß der 16jährige Rudolf Storz herausplatzte: »Und es hat Ihnen nichts ausgemacht, daß wegen des Beichtgeheimnisses Unschuldige im Gefängnis saßen?«

Pfarrer Anton H. lächelt vielsagend. »Dazu muß ich Euch sagen, daß es gar keine Beichte war. Ich erzähle Euch am besten die ganze Geschichte.«

»Ich war unter dem Krieg Stadtkaplan in Augsburg. Eines Tages wurde ich ans Sterbebett einer Frau gerufen. Hohlwangig und blaß, bereits die Farbe des Todes im Gesicht, lag sie in ihrem Kissen. Nach der Beichte bat sie mich, einen Bleistift und ein Blatt Papier in die Hand zu nehmen.

Dann diktierte sie mir zwei Namen. Noch bevor ich fragen konnte, antwortete sie: ›Das sind zwei meiner Brüder. Sie sind die Mörder von Hinterkaifeck.‹«

»Anschließend bat mich die Frau, den Zettel an die Polizei weiterzuleiten.« Wieder ist es Rudolf Storz, der den Priester unterbricht. »Und warum haben Sie das nicht getan?«

Die Antwort des Geistlichen kommt sofort: »Warum sollte ich nach so langer Zeit nochmal Staub aufwirbeln. Wenn ich heute sprechen würde, gäbe es bestimmte Leute, die mir nicht glaubten, daß ich mein Wissen außerhalb des Beichtsiegels erfahren habe und die es verstünden, das Vertrauen der Katholiken zum Beichtvater zu erschüttern. Damit würde ich unserer Aufgabe nur schaden.«

Der junge Mann hatte den Vorfall fast vergessen. Aber jetzt, da der Name Hinterkaifeck wieder in der Presse auftaucht, ist es ihm, als wäre das alles erst gestern gewesen. Noch am selben Tag setzt sich Rudolf Storz hin und schreibt einen ausführlichen Leserbrief an die ›Schwäbische Landeszeitung‹ in Augsburg. Er erscheint in der Ausgabe vom 16. November 1951 auf Seite vier unter der Überschrift »Ich kenne die Mörder«.

# XV.
# Der Staatsanwalt greift ein

Die Zeitungsveröffentlichungen – der Leserbrief wie die Enthüllungen von Matthäus E. – schlagen bei der mittlerweile für den Fall zuständigen Augsburger Polizei wie eine Bombe ein. Sofort wird eine kleine Ermittlungsgruppe gebildet, die ausschließlich für diesen Fall zuständig ist.

Am selben Tag schrillt im Dienstzimmer von Staatsanwalt Dr. Andreas Popp das Telefon. Am anderen Ende der Leitung hört der Jurist seinen Chef. »Sie übernehmen ab sofort die Verantwortung in Sachen Hinterkaifeck.«

Dr. Popp ist erst seit kurzem in Augsburg. Den Fall kennt er nur vom Hörensagen. Als er langsam den Hörer auf die Gabel gleiten läßt, weiß er, daß er damit eine schwere Verantwortung übernommen hat. Wird schon gut gehen, denkt er sich.

Noch am selben Tag erlebt er die erste Überraschung. Als er aus der Registratur der Augsburger Justiz die Akte Hinterkaifeck anfordert, wird ihm gesagt, daß diese nicht zu finden ist. Und als er sich eine Stunde später persönlich darum kümmert, wird seine schlimme Befürchtung zur Gewißheit: alle Unterlagen sind im Bombenhagel 1944 verbrannt. »Das geht ja schon gut an«, sagt er zu dem Angestellten in der Registratur.

Kurz vor Feierabend trifft sich der Staatsanwalt zum erstenmal mit den Experten der Kripo. In dem kargen Dienstzimmer der Polizei brennen mehrere Neonlampen. Draußen wird der Nebel, der sich den ganzen Tag nicht aufgelöst hat, immer dichter.

Von einem kurz vor der Pensionierung stehenden Beamten, der sich noch genau an das Verbrechen erinnern kann, läßt sich die Gruppe aufklären. Kriminal-Oberkommissär Josef Prähofer, einer der erfahrensten Männer des Teams, notiert sich alle Namen, die im Zusammenhang mit Hinterkaifeck genannt werden.

»Ja«, sagt Dr. Popp, »uns bleibt also gar nichts anderes übrig, als die Zeugen und Verdächtigen von damals erneut aufzusuchen und zu vernehmen.«

»Aber das ist fast 30 Jahre her«, wendet Prähofer ein. »Wer weiß, ob und wo die leben.«

»Da fällt mir etwas ein.« Die Beamten schauen auf den Staatsanwalt. »Sie haben doch vorher gesagt, die Gerichtskommission damals am Tatort kam aus Schrobenhausen und der Staatsanwalt aus Neuburg – vielleicht liegen dort noch alte Akten.«

Doch Dr. Popp hat kein Glück. Aus Schrobenhausen wie aus Neuburg erfährt er am nächsten Tag, daß die alten Akten vermutlich schon in den dreißiger Jahren nach Augsburg abgegeben worden waren. Das einzige was er findet, ist die Kopie eines Augenschein-Protokolls vom 5. April 1922 und eine dünne Kriminal-Handakte zu Hinterkaifeck. Sie liegt auf dem Speicher des Augsburger Polizei-Präsidiums.

Mit diesen spärlichen Unterlagen in der Hand geht Dr. Popp daran, eines der scheußlichsten, größten und mysteriösesten Verbrechen der deutschen Kriminalgeschichte aufzuklären.

Täglich gehen in diesen Novemberwochen 1951 Fernschreiben an Polizeidienststellen im gesamten Bundesgebiet. Mit Erfolg stöbern die Fahnder da und dort einen Augenzeugen auf, einen pensionierten Gendarmen, der damals mit dabei war und einen Juristen, der igendwann einmal mit dem Fall zu tun hatte.

Von Tag zu Tag sieht der Staatsanwalt die Vorgänge von damals klarer, fügt sich Steinchen an Steinchen zu einem grausigen Mosaik.

Dr. Popp, ehrgeizig, zäh und ohne Rücksicht auf sich selbst, will das Geheimnis um Hinterkaifeck lüften – koste es, was es wolle. Jetzt geht es nur darum, welche der beiden neuen Spuren die heißere ist: die Version des Heimkehrers oder die Beichte.

Dem Staatsanwalt erscheinen die Aussagen von Matthäus E. vielversprechender. An Raub als Motiv für den sechsfachen Mord denkt er ohnehin nicht. In seine Einschätzung vom Täter würde eher Eifersucht passen.

»Aber sollten wir nicht auch den jungen Mann aus München vernehmen, der den Pfarrer kennt«, gibt Prähofer bei einer erneuten Besprechung zu bedenken. Dr. Popp schlägt vor, sich diese Spur für später aufzuheben. »Die läuft uns nicht davon«, versucht er die Einwände des Beamten zu zerstreuen.

Sofort läßt sich der Staatsanwalt ein Ferngespräch nach Ingolstadt vermitteln. Er bittet die dortige Kripo, den in ihrem Bereich wohnenden Matthäus E. zu vernehmen.

Als Dr. Popp die ersten Vernehmungsprotokolle auf den Tisch bekommt, ruft er gleich Prähofer an. »Das müssen Sie unbedingt lesen. Diese Version mit dem nach Rußland geflohenen Mörder ist einfach verblüffend.«

Als sich die beiden Männer kurz darauf treffen, sind sie sich schnell einig: so könnte es gewesen sein. Alles paßt zusammen. Das Motiv, die genauen örtlichen Kenntnisse . . .

Doch gerade das macht den sehr vorsichtigen Juristen auch wieder stutzig. »Wissen Sie«, sagt er zu Prähofer, »das ginge fast zu glatt, wenn ausgerechnet wir nach so langer Zeit und ohne große Anstrengungen den Fall klären könnten.«

Er bittet die Ingolstädter Kripo, den Zeugen nochmals zu vernehmen. Prähofer und dessen Kollegen Nußbaum beauftragt er, in der Zwischenzeit Material über Matthäus E. zu sammeln – Leumundszeugnis, Lebenslauf, Beurteilungen von Arbeitgebern . . .

# XVI.
## Zweifel um einen Toten

Am 26. November 1951 entscheidet sich Dr. Popp zu einer Fahrt nach Ingolstadt. Er will selbst mit Matthäus E. sprechen. Unterwegs läßt er den Chauffeur links nach Waidhofen abbiegen. Zusammen mit Bürgermeister Michael Gall fährt der Staatsanwalt weiter nach Gröbern und Hinterkaifeck.

Nachdenklich verharrt Popp einige Minuten vor dem Gedenkstein, der an der Stelle der Einöde errichtet wurde. Bürgermeister Gall erklärt ihm die Lage der abgebrochenen Gebäude. Weit geht an diesem ausnahmsweise sonnigen Novembertag der Blick in Richtung Donauebene.

Bei der Kriminalabteilung an der Schillerstraße in Ingolstadt wird Dr. Popp bereits erwartet. Auch Matthäus E. ist schon da. Er wird gleich in die Mangel genommen.

»Wie war das mit dem Kommissar«, will der Staatsanwalt wissen. »Schildern Sie uns doch bitte genau alle Einzelheiten.«

Etwas nervös von den vielen Leuten um ihn herum fängt Matthäus E. an. Zunächst erzählt er, wie er als Bub damals wenige Stunden nach Entdeckung der Leichen an die Mordstätte kam.

»Als ich vom Dachboden der Einöde herunterkam, ging ich in die Stube. Dort stand ein Bett oder eine Ottomane. Dieses war zugedeckt. Im Wohnzimmer war noch ein Tisch. Davor stand ein Mann, der einige Briefe vor sich liegen hatte und darin herumwühlte. Dann las er eines der Schreiben. Ich habe ihm heimlich über die Schulter geschaut. Dabei konnte ich folgende Worte lesen: ›Wenn das wahr ist, dann bringe ich Euch alle um . . .‹«

Matthäus E. ist nicht mehr so aufgeregt. Etwas ruhiger beginnt er nun seine Gefangennahme zu erzählen. »Wir haben uns im Frühjahr 1945 bei Neuhaus in der CSSR den Russen ergeben. Am ersten Tag kam der Kommissar zu mir. Neben mir saßen Rotkreuz-Schwester Erika aus Regensburg und Fritz Herrmann aus Magdeburg. Unvermittelt fragte der russische Offizier durch einen Dolmetscher, woher wir sind. Nach zweieinhalb Stunden kam er wieder, klopfte mir auf die Schulter und sagte: ›San' S vo Schrobenhausen, lügen' S mich nicht an. Wenn Sie mich anlügen, erschieße ich Sie sofort‹«.

»Dann fragte der Russe weiter: ›Kennen Sie den Zecherbräu von Schrobenhausen?‹ Ich erklärte es ihm, worauf er nickte und ›ja‹ sagte. Im Laufe des Gesprächs sprach er immer flüssigeres Deutsch. Er fragte mich dann: ›Kennst Du die Umgebung von Waidhofen?‹ Er wollte den Weg nach Gröbern wissen. Mir fiel auf, daß der Mann plötzlich bayerisch sprach.«

»Als alle Gefangenen in Richtung Prag abgeführt werden sollten, rief mich ein Posten zu dem Kommandanten. Da ich schon mit Vergünstigungen rechnete, bat ich, als ich einen Entlassungsschein bekam, auch Schwester Erika und Unteroffizier Herrmann mitnehmen zu dürfen. Dem Kommandanten erklärte ich, daß beide auch aus der Waidhofener Gegend sind. Dann bekamen wir ein Schreiben auf russisch und der Offizier sagte:

›Du bist entlassen, sag' einen schönen Gruß zuhause, der Hinterkaifecker hat Dich entlassen.‹«

Ruhig läßt Dr. Popp den Zeugen ausreden. Dann hakt er ein. »Sie sind sicher, daß der Kommandant Karl Gabriel war?« Matthäus E. nickt hastig. »Sie haben aber doch gesagt, der Russe trug eine Schirmmütze tief im Gesicht.« Der Mann nickt wieder. »Und trotzdem haben Sie ihn sofort erkannt?«

»Ja.«

Dr. Popp merkt, daß er so nicht weiterkommt. »Wie alt waren Sie damals eigentlich, als der Mord passierte?« Matthäus E. überlegt. »Ich war damals . . .«, er stockt, weiß nicht mehr weiter. »Lassen Sie sich ruhig Zeit«, lenkt der Staatsanwalt ein. »Ich muß neun gewesen sein«, kommt endlich die Antwort.

»So, neun waren Sie damals.« Dr. Popp versucht es mit seiner väterlichen Art. Matthäus E. nickt. »Und obwohl Sie damals noch so klein waren, haben Sie nach all den Jahren Karl Gabriel sofort wiedererkannt?« Dr. Popp glaubt jetzt bei dem Mann eine erste Unsicherheit zu spüren.

Zur selben Stunde werden in der Gemeindekanzlei von Waidhofen zwei Männer vernommen, die angeblich 1914 die Leiche von Karl Gabriel gesehen haben. Sie sind die einzigen, die im Moment noch auffindbar sind. Von ihrer Aussage hängt es mit ab, ob die Rußland-Version überhaupt glaubhaft ist.

Als ersten bittet Oberkommissär Jörg Kagermeier den kleineren der beiden Männer in das Zimmer. »Sie sind also Josef Bichler, geboren am 14. März 1887 in Unterwittelsbach. Erzählen Sie bitte, was Sie über den Tod von Karl Gabriel wissen.«

»Ich bin mit fünf nach Waidhofen gekommen und habe hier die Schule besucht. Einer meiner Schulfreunde war Karl Gabriel. Er war ein Jahr jünger als ich. Damals waren die siebten Klassen in zwei Räumen im Schulhaus untergebracht. Am 14. August 1914 sind Karl und ich ins Rekruten-Depot Kösching bei Ingolstadt eingerückt. Ich selbst wurde am 3. November 1914 ins Feld abgestellt. Gabriel blieb zunächst beim Rekruten-Depot und kam erst am 10. oder 11. Dezember zur Abstellung. Ich selbst habe Gabriel jedenfalls am 13. Dezember 1914 bei einem Feldgottesdienst in Vincy in Nordfrankreich getroffen. Ich war damals bei der siebten und Gabriel bei der sechsten Kompanie des 13. Bayerischen-Reserve-Infanterie-Regiments. Ich habe an diesem Tag mit Gabriel auch gesprochen«, begann Josef Bichler mit seiner Schilderung.

Auf einen scharfen Blick des Beamten hin, beteuert der Zeuge: »Ich erinnere mich deshalb so genau, weil dies der Namenstag meiner Frau Ottilie war. Am Abend des gleichen Tages gingen wir wieder in Stellung. Auch die Kompanie des Gabriel kam zum Einsatz. Unsere Stellung lag bei Neuville-St. Vaast. Die Kompanie des Gabriel war links an unsere angeschlossen. Beide Einheiten hatten einen Abschnitt von etwa 300 Meter zu verteidigen. In der Nacht zum 14. Dezember stand unser Abschnitt unter leichter Feuereinwirkung, darunter auch Schrapnells.«

»Als wir einige Tage später abgelöst wurden, haben mir Kameraden von Gabriel erzählt, daß er am Abend des 13. Dezember, kaum daß die Kompanie in Stellung gegangen war, gefallen ist. Von wem ich dies erfuhr, weiß ich nicht mehr. Sie sagten nur, daß Karl durch einen Minenschuß sofort getötet worden ist. Gabriel muß außerhalb des Schützengrabens auf Beobachterposten gewesen sein. Es dürfte der 16. oder 17. Dezember gewesen sein, als ich von seinem Tod hörte. Am 25. Dezember ging ich am frühen Nachmittag zur 6. Kompanie hinüber, um mir Näheres über den Tod meines Schulfreundes erzählen zu lassen.«

»Auf meine Frage, wo Gabriel liegt, erfuhr ich, gleich vor dem Graben. Sie haben mir auch die Leiche gezeigt. Sie war noch nicht beerdigt und lag angeblich noch da, wie er gefallen war. Sie lag drei Meter vor dem Graben.«

»Bei mir war Nikolaus Haas aus Rachelsbach. Er war ebenfalls in meiner Kompanie. Haas und ich krochen die paar Meter zur Leiche. Gabriel lag auf dem Rücken. Seine Stirn war leicht gespalten, der Mund war offen und man konnte sehen, daß auch das Unterkiefer verletzt war. Trotzdem war der Tote einwandfrei als Karl Gabriel zu erkennen. Auch die Kameraden haben gesagt, daß er dies ist. Haas hat die Taschen durchsucht und dabei ein Foto gefunden. Ich weiß genau, daß es ein Bild der Ehefrau gewesen ist. Was mit dem Foto geschehen ist, weiß ich nicht mehr. In der Nähe der Leiche lag außerdem ein zerfetztes Notizbuch.«

Der Mann reibt sich die Stirn. »Entschuldigen Sie schon, Herr Kommissär, aber das ist alles so lange her, schon fast 40 Jahre, ich muß jetzt nachdenken.«

»Ja, ich glaube, Haas und ich haben damals die Leiche etwas in die Erde eingescharrt. Da wir unter feindliches Feuer gerieten, mußten wir bald wieder zurück. Es war übrigens neblig.«

»Ob und wann die Leiche richtig beerdigt wurde, kann ich nicht sagen. Man hätte den Toten damals leicht holen können. Warum das nicht getan wurde, ist mir heute noch ein Rätsel. Ich habe damals meiner Frau geschrieben, daß Karl Gabriel gefallen ist. Bei dem Foto von Gabriels Frau handelte es sich um ein Brustbild von zehn mal sechs Zentimeter auf starkem Pappkarton. In dieser Sache, wenn ich das erwähnen darf, wurde ich bereits Anfang Mai 1922 von Gendarmerie-Kommissär Goldhofer aus Hohenwart vernommen.«

Oberkommissär Kagermeier läßt Bichler seine Aussage unterschreiben. Dann ruft er den vor der Türe wartenden Landwirt Nikolaus Haas aus Rachelsbach bei Waidhofen herein.

»Also, ich habe Karl Gabriel und seine Frau Viktoria sehr gut gekannt. Am 3. oder 4. Dezember 1914 wurde ich mit Bichler an die Westfront abgestellt. Unser Abschnitt war an der Straße Arras-Neuville. Anläßlich eines Feldgottesdienstes am 10. oder 11. Dezember ging ich mit Bichler durch den Ort Vincy zur Dorfkirche. Auf dem Weg traf ich Gabriel vor seinem Quartier. Ich fragte ihn, ob er nicht ein Paar gute Stiefel für mich hätte, da meine Schuhe ziemlich kaputt waren. Gabriel meinte, ich soll auf dem Rückweg bei ihm vorbeischauen.«

»Als wir nach einigen Tagen aus der Stellung kamen, ging ich wieder zu Gabriel. Von seinen Kameraden habe ich erfahren, daß er gefallen ist. Sie erzählten, daß er durch eine Gewehrgranate getötet wurde. Er soll auf Horchposten gesessen haben. Wir ließen uns die Leiche zeigen. Das Gesicht war nicht gerade entstellt. Ich weiß sicher, daß es Karl Gabriel gewesen ist.«

»Als ich an Ostern 1918 zum erstenmal auf Urlaub war, hat mich die Witwe Gabriel in Rachelsbach besucht. Sie wollte Einzelheiten über das Ableben ihres Mannes wissen. Ich konnte ihr aber nicht mehr sagen, als sie ohnehin schon wußte.«

»Ich hätt' noch eine Frage, Herr Haas.« Oberkommissär Kagermeier schaut den Zeugen streng an. »Haben Sie damals die Uniform des Toten durchsucht?«

»Ich – nein – wieso . . .«

»Neben dem Gefallenen lag doch ein zerfetztes Notizbuch. Was haben Sie damit gemacht?«

»Was für ein Notizbuch – was wollen Sie überhaupt . . .«

Der Kripo-Beamte bleibt hartnäckig. »Und Sie haben auch nicht zufällig aus der Tasche des Toten ein Foto von Viktoria Gabriel gezogen?«

»Nein, was soll denn das – werde ich hier etwa verdächtigt . . .«

Oberkommissär Kagermeier hält es an der Zeit, den Zeugen aufzuklären. »Ihr Kamerad von damals, Herr Bichler, hat soeben erklärt, Sie hätten die Uniform von Karl Gabriel durchsucht und dabei ein Bild seiner Frau gefunden.«

»Das stimmt nicht. Wie Bichler zu solchen Angaben kommt, ist mir unbegreiflich. Ich habe in meinem ganzen Leben noch keine Fotografie der Viktoria Gabriel in Händen gehabt.«

»Erzählen Sie mir nochmal in allen Einzelheiten, wie Sie damals die Leiche gesehen haben.«

»Das war so. Wir standen also im Schützengraben. Von dort heraus konnte ich den Gefallenen vor mir liegen sehen. Den Bichler, der kleiner ist als ich, mußte ich hochheben, damit er über den Graben schauen konnte.«

»Haben Sie die Leiche etwas eingescharrt, bevor Sie zu Ihrer Einheit zurückgingen?«

»Nein.«

Kagermeier fährt sofort nach der Vernehmung die etwa 40 Kilometer nach Ingolstadt. Die Kollegen quetschen immer noch Matthäus E. aus. Der Beamte läßt Dr. Popp holen. Neugierig nimmt der Staatsanwalt Kagermeier zur Seite. »Erzählen Sie schon, wie war's in Waidhofen?«

In einem Nebenraum schildert der Beamte das Widersprüchliche in den beiden Aussagen. Er erwähnt das Foto, das der eine gesehen haben will, dessen Existenz der zweite jedoch strikt verneint. »Wissen Sie, Herr Staatsanwalt, es sind zwar fast 40 Jahre vergangen seitdem. . . Und außerdem, die beiden Männer haben den Toten nur vom Schützengraben aus gesehen.«

»Noch etwas. Der Tote hatte Verletzungen im Gesicht.«

»Sie glauben also, daß der Gefallene damals gar nicht Karl Gabriel war.« Darauf hat der Kriminal-Beamte gewartet. Sofort kontert er: »Das habe ich nicht gesagt.«

»Aber möglich wäre es doch?«, will Dr. Popp wissen. »Das schon. Ich möchte hier nur feststellen, daß wir keine sicheren Beweise haben, daß der Tote Karl Gabriel war.« Der Staatsanwalt runzelt die Stirn. »Dann könnten also die Aussagen des Heimkehrers stimmen«.

Obwohl vieles für seine Schilderung spricht, wird Matthäus E. wenig später mitten während der Vernehmung verhaftet. Dr. Popp hatte schon am Nachmittag beim Ermittlungsrichter in Ingolstadt einen Haftbefehl beantragt. »Nur wenn der Mann einige Zeit hinter Gitter ist, können wir ungestört seine Angaben überprüfen«, hatte Dr. Popp dem Richter erklärt.

Die Ermittlungen im Fall Hinterkaifeck laufen jetzt auf Hochtouren. Jeder, der irgendwann einmal irgendetwas mit Matthäus E. zu tun gehabt hat, muß mit einem Besuch der Kripo rechnen. Über die Geschwister des Mannes, seine Bekannten, Verwandten, Nachbarn,

96

Kollegen und Schulfreunde versucht die Polizei herauszufinden, ob Matthäus E. die Wahrheit sagt. Die Beamten stehen dabei unter starkem zeitlichem Druck. Denn der Haftbefehl ist nur auf einige Tage befristet.

Drei Tage nach der Verhaftung des wichtigen Zeugen erhält Dr. Popp eine beglaubigte Abschrift aus dem Sterberegister des Standesamtes Hohenwart. Auf der DIN-A-5-Urkunde heißt es: »Das Kommando des königlich-bayerischen 13. Reserve-Invanterie-Regiments zeigte mit Schreiben vom 15. Dezember 1914 an, daß Karl Gabriel, 26 Jahre alt, katholisch, am 12. Dezember 1914 gefallen ist.« Dann steht noch dabei: »Weiteres unbekannt«. Mehr ist aus der Urkunde nicht zu erfahren.

Dr. Popp zeigt Josef Prähofer, der gerade zu ihm gekommen ist, das Schriftstück. Der Kripo-Beamte überfliegt es und meint: »Das besagt überhaupt nichts.«

Der Staatsanwalt setzt sich hinter seinen Schreibtisch und schließt die Augen. »Sie haben recht, Herr Prähofer.« Dann überlegt er. Es könnte damals bei Neuville irgendeiner gefallen sein, von dem die Kameraden glaubten, er sei Karl Gabriel. Der Tote wurde vermutlich nicht lange identifiziert, sondern gleich in einem Massengrab beigesetzt.

Dann versucht er diesen Gedanken weiterzuspinnen. Karl Gabriel müßte von irgendjemandem erfahren haben, daß es seine Frau während seiner Abwesenheit mit ihrem Vater treibt. Er müßte dann fast sieben Jahre vagabundiert haben, bis er die Tat ausführte. Anschließend könnte er sich nach Rußland abgesetzt haben. Das wäre damals das einfachste gewesen.

»Aber warum soll Karl Gabriel jahrelang auf seine Rache gewartet haben?« Staatsanwalt Popp schaut den Kripo-Beamten an. Prähofer jedoch zuckt die Schultern. »Vielleicht hat es so lange gedauert, bis sich bei ihm so viel Haß angestaut hatte, um kaltblütig sechs Menschen auslöschen zu können.«

»Vielleicht wollte Karl Gabriel ursprünglich nur untertauchen und seine Familie vergessen. Irgendein Vorfall in seinem Leben könnte dann zu einem Aggressionsstau und schließlich zu dem Verbrechen geführt haben.«

Es will dem Staatsanwalt einfach nicht in den Kopf, daß ein Mann nur einiger hundert Mark wegen eine ganze Familie ausrottet. Der Zorn über die Blutschande schien eher ein Motiv zu sein.

# XVII.
## Der Kronzeuge fällt um

Anfang Dezember scheint es neue Hinweise auf die Rußland-Version zu geben. Der Kriminalbeamte Josef Prähofer erfährt über Umwege von einem Justiz-Beamten aus dem Gefängnis Bernau, der angeblich ähnliches gehört hat. Er veranlaßt das nötige.

Am 3. Dezember wird der Justiz-Assistent Hermann aus Treuchtlingen von Oberkommissär Feldmann vernommen. Der Zeuge befindet sich gerade auf einem Lehrgang in Stadelheim bei München.

Der Mann erzählt, was er weiß. Demnach ging im Gefangenenlager Solny bei Bensa im europäischen Teil der Sowjetunion gegen Ende 1945 folgendes Gerücht um: Ein ehemaliger Gefangener hat einem Kameraden eine Karte geschrieben und darin erwähnt, daß er vom Mörder von Hinterkaifeck entlassen wurde. Dieser soll ein russischer Kommissar gewesen sein. Er gab sich als Bauer von Hinterkaifeck aus. Er will alle umgebracht haben, weil ihn seine Frau betrogen hat.

Jetzt überstürzen sich die Ereignisse. Am 14. Dezember erhält in seiner Wohnung in Langenbruck bei Ingolstadt der Mechaniker Georg Kothmeier Besuch von der Polizei. Er gibt den Beamten zu Protokoll: »Ende Juli 1943 war ich als Gruppenführer bei der ersten Kompanie des Panzer-Grenadier-Regiments 63 zwischen Golaja Dolina und Petrikowa in Rußland eingesetzt. Bei meiner Gruppe befand sich Karl Meyer aus Passau. Während eines Gesprächs im Schützenloch an der Front erzählte mir dieser, daß von der fünften Kompanie ein deutscher Soldat, der vorher in russische Kriegsgefangenschaft geraten war, wieder zurückgekommen ist. Wer dieser Soldat ist, weiß ich nicht. Er soll auf jeden Fall damals als einziger deshalb entlassen worden sein, weil er aus der Gegend von Schrobenhausen gewesen ist.«

Dr. Popp haut mit beiden Fäusten auf seinen Schreibtisch. »Das wird ja immer verrückter. Jetzt haben wir schon mindestens vier Soldaten, die angeblich vom Mörder von Hinterkaifeck entlassen worden sind – jeder zu einem anderen Zeitpunkt und an einem ganz anderen Ort. Wenn das nicht seltsam ist . . .«

Er ruft Prähofer an. »Kommen Sie doch bitte heute noch bei mir vorbei. Es ist dringend.«

Als der Beamte bei Dr. Popp eintritt, macht dieser einen etwas niedergeschlagenen Eindruck. »Spuren um Spuren«, meint er entmutigt, »von denen aber keine an ein Ziel führt.«

Einen Tag später erhält Dr. Popp einen dringenden Anruf aus dem Gefängnis in Donauwörth. Dort sitzt immer noch Matthäus E. in Untersuchungshaft. Der Anstaltsleiter ist am Telefon. »Ein gewisser Matthäus E. will Sie unbedingt sprechen.«

Am 18. Dezember fährt der Staatsanwalt nach Donauwörth. In einem Zimmer der dortigen Kriminalpolizei-Außenstelle sitzt bereits Matthäus E. »Was haben Sie auf dem Herzen?«, fragt ihn Dr. Popp.

»Ich bin zu dem Entschluß gekommen, die reine Wahrheit zu sagen.« Er schweigt, blickt verlegen zu Boden. »Ich gebe zu, daß alles, was ich über Hinterkaifeck ausgesagt habe, nicht den Tatsachen entspricht. Ich habe das alles aus Erzählungen von anderen Personen und durch eigene Phantasie zusammengedichtet.«

Dr. Popp läßt sich nicht anmerken, daß er tief getroffen ist. Vorbei ist es mit der raschen Aufklärung des sechsfachen Mordes. Die vier Kripo-Beamten, die mit ihm im Raum sind, schauen zur Seite, als der Staatsanwalt plötzlich schreit: »Aber verdammt nochmal, wer hat Sie dann damals wirklich entlassen.«

Kleinlaut gesteht der Häftling, daß er mit einigen anderen Kameraden im Mai 1945 aus der sowjetischen Kriegsgefangenschaft geflüchtet ist.

»Was wollten Sie dann eigentlich mit dieser Lügengeschichte?« Dr. Popp ist jetzt sichtlich sauer. Er ärgert sich über sich selbst. »Wollten Sie damit vielleicht bei den Zeitungen Geld verdienen?«

Da hat Dr. Popp eine irre Idee. Wenn Matthäus E. selbst der Mörder war. Dann hätte er die ganze Geschichte erfunden, um von sich abzulenken.

Aber Matthäus E. war ja damals erst zehn. Er wird noch am selben Tag aus der Untersuchungshaft entlassen.

Kurz vor Weihnachten 1951 lenkt ein Brief wieder die Spur auf die alte Vermutung, daß der oder die Täter nach dem Verbrechen ins Ausland geflüchtet sind.

100

Unter dem Datum vom 28. Dezember schreibt der Kaufmann Karl Entenmann aus Bad Friedrichshall-Kochendorf an die Augsburger Staatsanwaltschaft: »In der heutigen Ausgabe der ›Heilbronner Stimme‹ steht ein Artikel über die Bluttat Hinterkaifeck. Beim Lesen mußte ich mich unwillkürlich an einen Mann namens Fritz P. erinnern, welchen ich im Sommer 1928 in Bukarest kennenlernte. Er erzählte mir, er sei in Augsburg bei der Polizei gewesen und dann über Nacht von seiner Frau ohne Scheidung durchgegangen und könne deshalb von Rumänien nie wieder zurück nach Deutschland. Papiere hätte er keine. P. ist heute ca. 57 Jahre alt, 1,65 Meter groß und dunkelblond. Er wohnte 1928 in Bukarest, Strada Klutscherolui, hinter dem Palast des Königs Michael. Er war als Chauffeur bei einer Brotfabrik beschäftigt. Ich habe keinerlei Beweise, daß P. mit der Tat zusammenhängt. Aber nachdem seine Flucht aus Deutschland zeitlich mit der Bluttat übereinstimmen kann und P. in der Gegend von Hinterkaifeck wohnhaft war, halte ich es für angebracht, Sie darüber in Kenntnis zu setzen.«

# XVIII.
## Zwei Pfarrer brechen das Schweigen

»Wir kommen bei der Spur, die nach Rußland führen soll, nicht weiter.« Staatsanwalt Dr. Popp geht in seinem Dienstzimmer ungeduldig auf und ab. Vor dem Fenster bleibt er stehen, schaut auf die Straße. Neben seinem Schreibtisch hat Josef Prähofer Platz genommen.

Prähofer räuspert sich: »Darf ich Ihnen einen Traum erzählen?«

Dr. Popp nickt gedankenabwesend.

»Ich habe kürzlich geträumt, Sie und ich fuhren mit dem Wagen nach Ingolstadt. Plötzlich ließen Sie in Waidhofen anhalten. Als ich Sie fragen wollte, winkten Sie ab und meinten nur: ›Heute ist es soweit‹. Dann deuteten Sie auf die Wirtschaft neben der Kirche und sagten: ›Dort drin sitzen zwei Männer – genau unter dem Kruzifix in der Ecke. Das sind die Mörder.‹ Tatsächlich saßen in der Ecke unter dem Kreuz zwei Männer, die bei unserem Eintreten sofort wegschauten. Sie wurden bald darauf zum Oberstaatsanwalt befördert.«

Dr. Popp dreht sich um. »Soll das ein Scherz sein?«

Dann sieht er wieder zum Fenster hinaus. Mehr zu sich sagt er schließlich: »Jetzt können wir nur noch hoffen, daß die Geschichte mit der Beichte uns weiterbringt.«

Einige Tage darauf erhält der Schriftsetzer Rudolf Storz einen Brief vom Gericht. Neugierig öffnet der junge Mann das Schreiben, das ihm seine Mutter auf den Tisch gelegt hat. Es ist eine Vorladung in Sachen Beichtgeheimnis.

Am 11. Januar 1952 wird Storz im Münchner Amtsgericht am Mariahilfplatz von Amtsgerichtsrat Dr. Besold vernommen. »Ich darf Sie darauf aufmerksam machen, daß es hier um einen sechsfachen Mord geht.« Der Zeuge nickt.

Dann schildert der Schriftsetzer, was er bereits vor einigen Wochen als Leserbrief an die »Schwäbische Landeszeitung« geschrieben hat.

Dr. Besold unterbricht ihn mitten im Satz. »Was genau hat der Geistliche über die Mörder von Hinterkaifeck gesagt?«

»Wortwörtlich bringe ich das nicht mehr zusammen, aber er sagte etwa dies: ›Obwohl das Verbrechen von Hinterkaifeck schon fast

30 Jahre unaufgeklärt ist, bräuchte ich nur den Mund aufmachen, um Licht in die Sache zu bringen.‹«

»Sie sagten, daß außer Ihnen noch etwa zehn junge Leute damals im Pfarrheim von Weißenhorn versammelt waren. Können Sie Namen nennen?«

Der junge Mann schüttelt den Kopf. »Beim besten Willen nicht. Wissen Sie, wir wohnten dort ja nur vorübergehend.«

»Und Sie wissen, wie der Pfarrer heißt?«

»Ja, das weiß ich noch genau. Er war einmal sogar in unserer damaligen Wohnung in der Schulstraße 20. Das dürfte etwa Anfang letzten Jahres gewesen sein. Ich glaube, er hat eine Frau über uns besucht und später bei meiner Mutter Annemarie Storz vorgesprochen. Ich habe dann die Mordsache angeschnitten. Es war kurz vorher eine Reportage in der Zeitung. Er erzählte in etwa das, was er schon in der Gruppenstunde gesagt hatte.«

Dr. Popp ist nun wieder optimistisch. Er ordnet an, den Pfarrer ausfindig zu machen und unverzüglich mit der Vernehmung zu beginnen.

Eine ähnliche Idee haben auch zwei Reporter der Illustrierten »Weltbild«. Mitten im tiefen Winter fahren sie mit dem Wagen nach Weißenhorn. In dieser Gemeinde ist Benefiziat Anton H. nach wie vor ansässig.

Schneestürme wehen über die Schwäbische Alb. Nach schwerer Fahrt stehen Heinz Ulrich und Gerhard Gronefeld endlich vor dem Geistlichen – in der Küche eines Gasthofes. Dort, so hatte seine Haushälterin ihnen gesagt, muß er gerade sein.

Die Journalisten stellen sich vor. Noch bevor sie ihm erklären können, worum es geht, meint der Priester: »Ich habe mir gedacht, daß bald einer kommen wird . . . aber ich sage nichts.«

»Aber es stimmt doch alles?«

»Was ich gesagt habe, stimmt.«

»Sie kennen die Mörder?«

»Ja.« Die Stimme des Geistlichen ist hart und fest. Er ist etwa vierzig Jahre alt und stammt aus dem Ort.

»Wann ist das gewesen mit der Frau und der Beichte?« Die beiden Männer lassen nicht locker.

»Das ist lange her«, antwortet Anton H. in der schwäbischen Mundart seiner Heimat, »gegen Mitte des Krieges mag es gewesen sein, vielleicht zweiundvierzig.«

»Die Frau hat also gesagt, daß ihre zwei Brüder die Mörder sind?«

»Sie hat schwer gerungen mit diesem Geständnis. Drei Stunden lang habe ich bei ihr gesessen. Sie hat mich gebeten, es der Polizei mitzuteilen. Aber ich konnte mich nicht dazu entschließen.«

Verständnislos schauen die Reporter den Priester an. »Wo sie doch selbst darum gebeten hat?«

»Ein Priester soll schweigen«, antwortet der Benefiziat. »Das ist mein Standpunkt. Verstehen Sie das nicht?«

»Aber wenn Sie der Staatsanwalt fragt? Sind Sie dann nicht verpflichtet, es ihm zu sagen?«

»Nein – ich brauche es nicht zu sagen. Es kann mir niemand befehlen, es auszusagen. Auch meine geistlichen Oberen nicht...«

Und nach einer kleinen Atempause fügt er hinzu: »Nein, ich schweige.« Der Pfarrer wischt sich den Schweiß von der Stirne. Es ist heiß in der Küche, in der die drei Männer immer noch stehen. Sie sind allein. Die Wirtin hat schon vor einiger Zeit unauffällig den Raum verlassen. Der Geistliche tritt unruhig hin und her. Den Journalisten ist, als würde er mit seinem Gewissen ringen. Sein Nein scheint noch nicht endgültig zu sein. Sie halten ihm vor, daß heute nach 30 Jahren rund um Hinterkaifeck noch immer Fragen gestellt werden. Es wird keine Ruhe geben, bis die wahren Mörder gefunden sind.

»Das weiß ich«, sagt der Benefiziat, »aber ich kann es nicht sagen. Sie müssen mich doch verstehen.« Aber die Reporter verstehen ihn nicht.

Nervös knetet der Priester seine Finger. »Es ist lange her, man soll es doch einmal ruhen lassen.«

»Aber es ruht ja nicht. Es lastet ja doch schwer auf den Menschen in dieser Gegend.«

»Ich will mit der Sache nichts mehr zu tun haben.« Die Journalisten merken, daß der Geistliche heute nicht mehr bereit sein wird, sein Geheimnis preiszugeben. Zwei Stunden haben sie diskutiert und sind keinen Schritt weitergekommen. Sie brechen das Gespräch ab, drükken ihm die Hand.

»Ich bin Ihnen nicht böse«, meint der Benefiziat. »Sie haben ehrlich gesagt, was Sie wollen und ich habe Ihnen gesagt, was ich denke. Es geht nicht.« Den Besuchern ist, als würde seine derbe Hand zittern. Hat ihn dieses Gespräch vielleicht doch im Innersten getroffen? Ist er in seiner Meinung schwankend geworden?

Obwohl auch die Polizei den Benefiziaten schnell ausfindig macht, dauert es einige Zeit, bis sich dieser zu einer Vernehmung bereit erklärt. Auf eine schriftliche Vorladung hin erscheint er am 24. März 1952 bei der Chefdienststelle der Kriminalpolizei Schwaben in Augsburg.

Freundlich bitten Oberkommissär Josef Prähofer und sein Kollege Nußbaum den Priester ins Vernehmungszimmer. Noch beim Eintreten sagt der Geistliche: »Die Namen erfahren Sie aber nicht von mir.«

Die Beamten bleiben höflich. Kaum hat Benefiziat Anton H. Platz genommen, beginnt er von selbst.

»So viel kann ich Ihnen ja sagen. Ich war vom Oktober 1940 bis 1945 in der Stadtpfarrkirche St. Pankratius in Augsburg-Lechhausen als Kaplan tätig. In den Jahren 1940 bis 42 – genau weiß ich das nicht mehr – wurde ich zu einer Sterbenden gerufen. Die Kranke war bei meinem Kommen noch ansprechbar. Nachdem sie die Sakramente empfangen hatte, fragte sie mich, ob ich von der Mordnacht Hinterkaifeck weiß. Auf meinen erstaunten Blick hin erklärte sie mir, daß sie Angaben über die Täter machen kann.«

Die beiden Kripo-Beamten, die die Aussage gleich in die Schreibmaschine tippen, haben mehrere Fragen auf der Zunge. Aber keiner wagt, den Pfarrer zu unterbrechen.

»Als Mörder nannte die Kranke ihre beiden Brüder.«

Prähofer und Nußbaum schauen sich an. Fast gleichzeitig fragen sie: »Sie haben sich doch, wenn wir richtig informiert sind, die Namen damals auf einen Zettel notiert.«

»Ich glaube ja. Die Frau wollte das so. Sie bat mich, das Papier nach ihrem Tod der Polizei zu geben. Aber den Zettel muß ich verloren haben.«

Prähofer läßt nicht locker. »Vielleicht haben Sie den Zettel nur verlegt.«

»Kann sein.«

Da wendet Nußbaum ein: »War denn die Kranke zu diesem Zeit-punkt überhaupt noch bei vollem Bewußtsein?«

»Selbstverständlich. Mir schienen auch die Angaben der Frau völ-lig glaubwürdig. Sie schilderte mir noch, daß sie als Mitwisserin von dem Verbrechen durch ihre Brüder sehr zu leiden hatte und sie wolle diese bedrückende Last nicht mit in die Ewigkeit nehmen. Sie er-suchte mich ausdrücklich, erst dann die Polizei einzuschalten, wenn sie die Augen für immer geschlossen hat.«

»Hatte die Frau Angst vor ihren Brüdern, Herr Pfarrer?«

»Sicher. Sie fürchtete um ihr Leben, weil sie das Geheimnis preis-gegeben hatte. Sie warnte mich sogar vor ihren Brüdern. Im übrigen machte sie durchaus den Eindruck einer geistig normal veranlagten Person. Wenn die Kranke etwas beeindruckte, dann war es meiner Meinung nach nur das Wissen um die schreckliche Tat.«

»Herr Pfarrer«, unterbricht Prähofer, »können Sie uns nicht mehr über die Kranke sagen.«

Benefiziat Anton H. schüttelt den Kopf. »Ich weiß nur noch, daß sie nicht jünger als 30 und nicht älter als 60 war. – Tut mir leid.«

Als der Geistliche das Vernehmungszimmer verlassen hat, klopft Nußbaum seinem Kollegen freundschaftlich auf die Schulter. »Du wolltest doch einige Tage Urlaub machen. Daraus wird jetzt aber nichts werden. Ich übernehme freiwillig das Sterberegister in der Pfarrei. Du kannst Dich ja im Standesamt erholen. Wenn der Mann wüßte, wie sehr er uns mit seiner kargen Aussage weitergeholfen hat.«

Tage- und nächtelang blättern die beiden Kriminal-Beamten in al-ten Akten und Büchern. Sie wissen nur, daß die Frau zwischen 1940 und 1942 starb, in einer Baracke an der Derchinger Straße wohnte und mindestens zwei Brüder hat.

Nach drei Tagen haben sie es geschafft. Stolz präsentiert Josef Prä-hofer dem Staatsanwalt die Sterbeurkunde Nummer 2224/14 des Standesamtes Augsburg. Danach starb am 20. Oktober 1941 um 5.50 Uhr im Krankenhaus eine Kreszentia M. an Krebs. »Das muß die Frau sein, Herr Dr. Popp.«

Ihren Mädchennamen und damit den Namen ihrer Brüder findet die Kripo bald heraus. Da hat einer der Beamten eine Idee. »Benefiziat Anton H. war doch damals nur Kaplan. Könnte denn nicht auch sein damaliger Vorgesetzter, der Stadtpfarrer, etwas wissen?«

Die Zeitungen bringen am 31. März 1952 ausführliche Berichte über die Mordnacht von Hinterkaifeck. »Dreißig Jahre sind das jetzt schon wieder her«, sagen die Leute, »und bis heute kennt die Polizei die Täter nicht.«

Zaghaft klopft an diesem Tag Kriminal-Oberkommissär Josef Prähofer an eine Zimmertüre im Augsburger Hauptkrankenhaus. Als er ein leises »Herein« hört, drückt er behutsam die Türklinke nach unten. In einem Bett am Fenster liegt ein alter Mann mit eingefallenen Wangen. Es ist der Geistliche Rat August R., der frühere Stadtpfarrer von St. Pankratius.

Schonend erklärt der Beamte dem Kranken, was er von ihm möchte. Da stellt sich überraschend heraus, daß der Priester zur Tatzeit in der Nähe von Hinterkaifeck war und die Opfer kannte.

Obwohl Geistlicher Rat Augustus R. anfangs nicht sprechen wollte, reißt ihn auf einmal die Erinnerung mit sich fort. Das Reden strengt ihn an, er hustet. Aber er spricht weiter. Mühsam schildert er Ereignisse aus seiner Zeit als Pfarrer in Hohenried – nur eine Gehstunde von Hinterkaifeck entfernt.

»Seinerzeit hatte ich die Angewohnheit«, kommt es aus ihm heraus, »jeden Donnerstag nach Schrobenhausen zu gehen. Dabei kam ich auch in Hinterkaifeck vorbei.«

In diesem Moment geht die Türe auf, eine Schwester schaut herein. »Herr Geistlicher Rat, keine Aufregung.« Der Pfarrer winkt mit hagerer Hand ab.

»Die Bewohner waren etwas sonderbare Leute. Sie zeigten sich etwas leutscheu. Trotzdem war mir der alte Gruber bekannt. Hin und wieder habe ich mit ihm gesprochen, wenn ich ihn im Vorbeigehen traf.«

»Aber«, unterbricht sich der 71jährige Geistliche selbst, »Sie wollen ja vor allem über meine Zeit in Augsburg hören. Ja, ich wurde etwa 1940/41 zu einer Kranken in die Derchinger Straße gerufen. Den Namen der Frau weiß ich nicht mehr. Nachdem sie gebeichtet hatte, mußte ich ganz nah an ihr Bett. Sie flüsterte mir zu, daß sie die Mörder von Hinterkaifeck kennt.«

Prähofer verschlägt es die Sprache. Überrascht blickt er den Geistlichen an. Das ist ja unglaublich. Da kennen tatsächlich zwei Priester das Geheimnis von Hinterkaifeck, keiner ahnt, daß es der andere auch weiß und keiner geht trotz ausdrücklichem Wunsch der Kranken zur Polizei.

Es dauert einige Zeit, bis sich der Kripo-Beamte wieder gefangen hat. Dann will er wissen, in welchem Zustand sich die Frau befand.

»Sie machte einen durchaus geistig normalen Eindruck. Ich schenkte ihren Angaben vollkommen Vertrauen. Die Sterbende wollte offenbar ihr Gewissen in Ordnung bringen. Sie wollte nicht als Mitwisserin der grauenhaften Tat in die Ewigkeit eingehen.«

Prähofer zieht einen kleinen Zettel aus seiner schwarzen Kunstledermappe. Darauf steht nur ein einziges Wort. Die Augen des kranken Priesters werden groß. »Ja – so hießen die Brüder, die das sechsfache Verbrechen begangen haben sollen.« Geistlicher Rat August R. nickt heftig mit dem Kopf. Er versucht sich zu erheben. »Jetzt erinnere ich mich wieder, ja sicher, das ist der Name.«

Oberkommissär Prähofer ist zufrieden. Selbst wenn jetzt der Benefiziat immer noch bei seinem »Nein« bleibt, den Namen hat er auch so.

Um ganz sicher zu gehen, schreibt Prähofer am 2. April an Benefiziat Anton H. in Weißenhorn: »Unter Bezugnahme auf unsere Unterredung vom 24. März gestatte ich mir, Ihnen mitzuteilen, daß ich den Namen und die Hausnummer der Sterbenden ermitteln konnte. Nach meinen Recherchen handelt es sich dabei um Kreszentia M., geborene G., aus Karlskron. Sie ist am 20. Oktober 1941 gestorben. Herr Benefiziat, ich bitte Sie nun um Mitteilung, ob Sie in der Zwischenzeit Ihre Notizen in dieser Sache gefunden haben. Ihrer geschätzten Antwort gerne entgegensehend zeichne ich hochachtungsvollst . . .«

Zwei Wochen lang kämpft Benefiziat Anton H. mit seinem Gewissen. Dann setzt er einen Brief an Josef Prähofer auf: »Ich hab' Sie nun lange auf Antwort warten lassen, aber ich hatte bis jetzt die Hände voll zu tun. Erst nach mehrmaligem Suchen ist mir jetzt der Zettel in die Hand gekommen, auf dem ich mehr vermerkt habe, als ich zuerst glaubte. Ich wollte Sie aber doch lieber bitten, diese Woche zu mir zu kommen. Denn auf den Bildern der Illustrierten ›Weltbild‹ bin ich überall sofort erkannt und von allen Seiten derart belästigt worden, daß ich eigentlich im Sinne hatte, in dieser Sache keinen Deut mehr zu tun. Und ich möchte dies auch nicht mehr tun, ohne eindeutige Garantie in Händen zu haben.«

Bei einem sofortigen Besuch in Weißenhorn muß Prähofer lange auf den Geistlichen einreden. Endlich hat er sein Ziel erreicht. Benefiziat Anton H. rückt den Zettel heraus. Der Kriminal-Beamte frohlockt innerlich. Er hat nun ein Beweisstück in der Hand, das zu den mutmaßlichen Mördern führen könnte.

# XIX.
# Der Räuberhauptmann Ferdinand G.

Im Frühjahr 1952 beginnt die Fahndung nach den mutmaßlichen Mördern von Hinterkaifeck. Eine riesige Polizeiaktion läuft an. Die Brüder Anton und Adolf G. sind mit einem Schlag die meistgesuchten Mord-Verdächtigen Deutschlands.

Bereits am ersten Tag stößt die Kripo auf einen mysteriösen Todesfall. Der Tote ist Adolf G. – seinen Namen hatte die Kranke auf dem Sterbebett als zweiten genannt.

Die Beamten konzentrieren sich nach dieser Überraschung zunächst auf Anton G. Der grauhaarige Mann mit dem Stiftenkopf lebt als Rentner in Ingolstadt. Er ist 64 Jahre alt, verheiratet, hat keine Kinder.

Zusammen mit seiner Frau Franziska genießt es Anton G., daß er nicht mehr arbeiten muß. »Wenn ich einmal zuhause bin, dann machen wir es uns schön«, hatte er ihr immer versprochen. Jetzt ist es soweit.

Das Rentner-Ehepaar ahnt nicht, daß die Polizei heimlich ihr ganzes Leben durchleuchtet, Verdachtsmoment an Verdachtsmoment fügt.

Da ist einmal der Vater von Anton G., ein Korbmacher und Trinker. Die Mutter starb schon 1906. Kurz darauf mußte die kinderreiche Familie ihr kleines Anwesen mit den knapp fünf Tagwerk Grund in Karlskron verkaufen – an den Wirt des Ortes. Denn dort hatte der Vater so hohe Schulden, daß er mit dem Zahlen einfach nicht mehr nachkam.

»Die Familie«, klärt Prähofer den Staatsanwalt auf, »war im Donaumoos gefürchtet. Das Messer soll denen recht locker in der Tasche gesessen haben.« Dr. Popp ist optimistisch. »Das paßt ja alles zu unserem Täterbild.«

Die Beamten finden einen weiteren schwachen Punkt. Es sind die Vorfahren der Korbmacherfamilie. »Wir haben da im Archiv interessante Sachen aufgestöbert.« Prähofer kramt in seinen Unterlagen, zieht einige vergilbte Blätter hervor.

110

Das ist die Geschichte des berüchtigten Ferdinand G., wie sie Prähofer rekonstruieren konnte. Der Räuberhauptmann stammte ebenfalls aus Karlskron. Er soll klein, untersetzt gewesen sein und über ungewöhnliche Körperkräfte verfügt haben. Zusammen mit seinem Vetter Eduard begann er um 1860 zu wildern. Doch dabei blieb es nicht. Langsam scharten die beiden um sich eine regelrechte Bande – Landstreicher, Tagediebe, Taugenichtse.

Zu ihrem Hauptmann wählten sie den gewalttätigsten unter ihnen: Ferdinand G. Die ersten Einbrüche, Diebstähle und kleineren Raubüberfälle wurden verübt. Ihren ersten großen Coup hatte die Bande auf den 10. Oktober 1872 angesetzt. Sie wollte nachts einen Einödhof bei Volkenschwand (Bezirksamt Mainburg) überfallen. Doch die Gangster hatten nicht mit den scharfen Hunden des Bauern gerechnet. Die Hofbewohner, wachgeworden durch das Gebell, griffen sofort zu ihren Flinten. Nach einem wilden Feuergefecht zog sich die Bande zurück.

Ihr abscheulichstes Verbrechen begingen die Banditen am 11. Dezember 1872. An diesem Tag fand in Mainburg der traditionelle Adventsmarkt statt, der größte Viehmarkt in der Hallertau. Zu Tausenden strömten schon in den frühen Morgenstunden, es war noch finster, die Bauern aus der Umgebung in die behäbige Kreisstadt. Die Ernte im Herbst war ausgezeichnet gewesen, die Hopfenaufkäufer hatten einen guten Preis für die grünen Dolden bezahlt. Die Geldbeutel der Hallertauer Landwirte waren prall gefüllt mit Talern und Gulden.

Im ersten trüben Dämmerlicht bauten sich bei Meilenhofen plötzlich die Gangster vor drei Bauern aus Elsendorf, Irnsing und Appersdorf auf. Mit vorgehaltenen Gewehren versperrten sie den Landwirten den Weg und riefen barsch: »Geld her – oder das Leben!« Noch bevor die Bauern sich von ihrem ersten Schreck erholt hatten, fielen schon Schüsse. Zwei der Überfallenen waren sofort tot. Der dritte warf, während die Gangster wieder luden, die Brieftasche auf den Boden und rannte davon. Doch Ferdinand G., der trotz seiner kurzen Beine ein ungemein schneller Läufer war, holte den Flüchtigen bald ein. Mit einigen Kolbenhieben streckte er sein Opfer nieder. Dann raubten sie die Toten aus und verschwanden.

Andere Marktbesucher fanden die Leichen. Die Nachricht von dem hinterhältigen Raubmord verbreitete sich in Windeseile. In den Mainburger Gaststätten verstummte das Lachen. Niemand sprach mehr vom Hopfen, vom Vieh, vom Wetter. Jeder stellte sich die Frage, wer eine so bestialische Tat begehen konnte.

Schon zwei Tage danach überfiel die Bande im benachbarten Pfeffenhausen die Poststation, schlug den Expeditor nieder und raubte die Kasse. Obwohl der Überfall am hellichten Tag stattfand, bekam keiner der Gäste im Wirtshaus gegenüber etwas von dem Verbrechen mit.

Wie bei den vorherigen Taten tappte die Gendarmerie wieder völlig im dunkeln. Die Beamten hätten sicher noch lange nicht gewußt, wer die Mörder sind, wenn die Bande sich nicht immer näher an ihre Heimat herangewagt hätte. Frech und brutal überfiel sie am 16. Dezember kurz vor Irsching bei Vohburg drei Bauern auf offener Landstraße und plünderte sie aus. Die schleunigst alarmierte Gendarmerie verlor die Spuren der Gangster in den Donauauen. Trotzdem war der Tag ein Riesenerfolg für die Polizei: Eines der Opfer hatte zwei der Täter erkannt – den Anführer Ferdinand G. und seinen Vetter.

Doch die Bande war nicht zu fassen. Sonderstreifen und sogar Militär jagte die Verbrecher vergebens. Ferdinand G. hatte unter dem lichtscheuen Gesindel, das es überall gab, ein ausgezeichnet funktionierendes Alarmnetz aufgebaut. Er wußte praktisch zu jeder Tages- und Nachtzeit über alle Einsätze der Uniformierten bestens Bescheid.

Kurz vor Weihnachten 1872 fand die Polizei eines der Bandenmitglieder – tot. Johann Faltermeier aus Karlshuld war mit der Teilung der Beute vom 16. Dezember nicht einverstanden. Während eines heftigen Wortwechsels zog Ferdinand G. blitzschnell seine Pistole und schoß den Komplicen nieder. Die Leiche ließ er mitten auf der Straße liegen.

Von da an hausten die Banditen noch schlimmer als zuvor in zwei Bezirksämtern. In über 40 bayerischen Ortschaften terrorisierten sie die Bevölkerung.

Eines Tages umzingelten sie die Gendarmerie-Station in Reichertshofen bei Ingolstadt. Unter lautem Gröhlen forderten sie die

Beamten auf, herauszukommen. Als sich nichts rührte, schossen sie in die Luft und verschwanden im Dunkeln.

Ein andermal tobten sie nachts durch das nahe Pörnbach, feuerten ihre Büchsen ab und sangen »ihr« Räuberlied, das damals gerade aufgekommen war. Solche nächtlichen Spuk-Szenen wiederholten sich immer häufiger.

Die Bande war sich jetzt so sicher, daß sie tagsüber in den Gasthäusern Saufgelage veranstaltete. Ihre Kundschafter, das wußten die Gangster genau, würden sie rechtzeitig warnen, wenn Polizei im Anmarsch sein sollte. Und wollte ein verängstigter Wirt ihnen kein Bier ausschenken, dann bedienten sie sich einfach selbst.

Mit einer Frau begann das rasche Ende der Bande. Ferdinand G. hatte sich in eine schöne Krämerin aus Manching verliebt. Daß die Frau verheiratet war, störte ihn nicht. Sie schenkte dem Bandenchef nicht nur Liebe, sondern half den Männern als Agentin und gewährte ihnen Unterschlupf. Ferdinand G. zeigte sich dafür großzügig. Er vermachte der Krämerin einen Großteil von jeder Beute.

Aber nicht nur Ferdinand G. hatte ein Auge auf die hübsche Frau geworfen. Da gab es noch einen Verehrer – seinen eigenen Vetter. Als die Krämerin jedoch dem neuen Liebhaber erklärte, daß sie nur für den »Bandenchef« da sei, schlug dessen Zuneigung jäh in Haß um.

Von da an gab es ständig Streit zwischen den beiden Verwandten. Als eines Tages vor der versammelten Bande der Abgewiesene dem Anführer vorwarf, er würde die Beute ungerecht verteilen und das meiste seiner »Krämerin« zustecken, war es aus. Ferdinand G. lief vor Zorn rot an im Gesicht, zog seine Pistole und rief: »Ich lege jeden um, der noch einmal etwas gegen sie sagt.«

Der Vetter schluckte und sann auf Rache. Am 3. Februar 1873 tauchte er allein in Manching auf. Unter einem Vorwand lockte er die Frau aus ihrem Haus, beschimpfte sie, flehte sie an. Dann schoß er sie nieder. Bevor die Nachbarn aufgeschreckt zusammenliefen, war er verschwunden.

Ferdinand G. erfuhr erst 24 Stunden danach von dem Verbrechen an seiner Geliebten. Vier Tage später trafen sich die zwei Vettern auf einem einsamen Feldweg bei Manching. Ohne einen Ton zu sagen, rissen sie ihre Gewehre von den Schultern, spannten die Waffen, drückten ab. Ferdinand G. war der schnellere.

Unerkannt nahm Ferdinand G. noch an der Beerdigung seiner Geliebten teil. Aber seiner Bande war er durch den Mord an seinem besten Freund nicht mehr geheuer. Sie löste sich schlagartig auf.

Die Trauer des Räuberhauptmanns dauerte nicht lange. Er tröstete sich in den Armen einer jungen Witwe aus seinem Heimatdorf Karlskron. Doch mittlerweile hatte die Polizei das Netz um Ferdinand G. enger gezogen.

Am 22. März 1873 wurde er von einem aufmerksamen Nachbarn erkannt, wie er gerade auf den Hof seiner neuen Geliebten schlich. Wenig später war die Gendarmerie in Manching alarmiert. Sofort eilte eine größere Streife nach Karlskron. Zwei Stunden nach Mitternacht umstellten die Beamten das Anwesen. Stations-Kommandant Anton Bauer aus Hohenwart forderte mit lauter Stimme den Gangster auf, sich freiwillig zu ergeben. Statt einer Antwort krachten mehrere Schüsse aus einem Fenster im Erdgeschoß. Tödlich in Kopf und Brust getroffen, brach der Kommandant zusammen. Noch einmal gelang es Ferdinand G., in der allgemeinen Verwirrung zu entkommen.

Er war so kaltblütig, daß er sogar zwei Tage später seinem Opfer die »letzte Ehre« erwies. In der Uniform eines königlich-bayerischen Infanteristen nahm er an der Beerdigung von Kommandant Bauer in Ingolstadt teil.

Der 4. Juni 1873 war ein herrlicher Frühlingstag. Es war noch nicht ganz dunkel, als abends gegen 21 Uhr ein Kunde einen kleinen Krämerladen in Wolnzach betrat. »Ein Stück Käse will ich.« Obwohl es nichts Ungewöhnliches war, daß um diese Zeit noch Fremde einkauften, durchzuckte es die Geschäftsfrau wie ein Blitz. Das muß der Ferdinand G. sein, lief es ihr eiskalt über den Rücken.

Kaum hatte der Mann ein großes Geldstück auf den Tisch gelegt, murmelte sie etwas vom Wechselgeldholen und ging in die nebenan gelegene Wohnung. Ihrem Sohn flüsterte sie zu: »Lauf schnell zur Gendarmerie, der Ferdinand G. ist im Laden.« Als sie ins Geschäft zurückkehrte, war der Kunde verschwunden.

Die Gendarmen Josef Löffler und Christian Voith waren Minuten später unterwegs. Etwas außerhalb des Ortes schnitten sie Ferdinand

G. den Weg ab. Da hatte dieser die Gefahr auch schon erkannt. Er machte kehrt und rannte mit seinen flinken Beinen in die entgegengesetzte Richtung. Die Polizisten schossen zwar hinter dem Flüchtenden her, trafen ihn aber nicht.

Mittlerweile war es fast dunkel. Die Wolnzacher Schäffler Horn und Glück sowie der Braumeister Gall waren gerade auf dem Heimweg. Sie hatten die Schüsse gehört und in Sekundenschnelle die Situation richtig erfaßt. Obwohl unbewaffnet, warfen sie sich auf Ferdinand G., der ihnen direkt in die Arme lief. Der Bandit wehrte sich verzweifelt. Aber die drei mutigen Männer hielten ihn mit eisernen Fäusten fest.

Gefesselt wurde er zur Station nach Wolnzach gebracht und noch in derselben Nacht in Ketten gelegt und nach Reichertshofen transportiert. In dem Marktflecken sprach sich die Neuigkeit rasch herum. Schon in den frühen Morgenstunden versammelte sich eine riesige Menschenmenge vor dem Gebäude der Gendarmerie-Station. Beamte mußten den Eingang vor aufgebrachten Bürgern sichern. Im Laufe des Tages kam ein Sonderzug aus München. Unter strengster Bewachung wurde Ferdinand G. zum Bahnhof gebracht. Die Fahrt ins Zuchthaus begann.

Fünf Monate lang untersuchte ein Richter die Verbrechen von Ferdinand G. Immer neue Gewalttaten der Bande wurden nun bekannt. Zeugen und Opfer, die aus Furcht jahrelang geschwiegen hatten, packten jetzt voll aus. Doch bevor es zum Prozeß kam, starb Bayerns gefürchtetster Häftling in seiner Zelle an Lungentuberkulose.

# XX.
# Das Belastungsmaterial fehlt

Doch echtes Belastungsmaterial können Polizei und Justiz über des Räubers Ferdinand G.'s Nachfahren, den Rentner Anton G., nicht zusammentragen. Ungeklärt bleibt trotz aller geheimen Recherchen die Frage, wo der Mann zur Tatzeit wirklich war. Sicher wissen die Beamten nur, daß ihn 1922 die Deutschen Werke in Ingolstadt als Akkord-Arbeiter beschäftigten.

»Ja, das weiß ich heute nicht mehr, ob Anton G. am 31. März 1922 Urlaub hatte«, erklärt sein damaliger Meister Vielwerth, als ihn die Kripo im Frühjahr 1952 vernimmt. Andere Vorgesetzte und frühere Kollegen müssen ebenfalls passen. Auch beim Personalchef der Despag (so heißt die Firma jetzt) kommt Prähofer, der sich in diesen Wochen fast ununterbrochen in Ingolstadt aufhält, nicht weiter. Tut mir leid – das Neuigkeitsbuch, in dem dies alles vermerkt wäre, ist 1945 beim Einmarsch der Amerikaner vernichtet worden, bedauert Dr. Reichart.

Aber soviel findet die Kripo heraus: Im März und April 1922 war Kurzarbeit bei den Deutschen Werken. Das heißt, kombiniert Prähofer, daß Anton G. durchaus ohne am Arbeitsplatz vermißt zu werden, damals in Hinterkaifeck gewesen sein könnte. Dr. Reichart stimmt dieser Überlegung mit einem Kopfnicken zu.

Der Lebenslauf des Verdächtigen wird von Tag zu Tag lückenloser. Anton G. war schon als Bub zum Arbeiten geschickt worden. Als Knecht mußte er sich unter anderem auf einem Hof in Hohenried bei Waidhofen sein Brot verdienen. Vom 14. März 1915 bis 5. Dezember 1918 war er beim Militär. 1919 heiratete er. Dann verliert sich seine Spur plötzlich. »Da ist ein Loch«, seufzt Josef Prähofer bei einer der vielen Besprechungen im April 1952, »wir haben alles schon versucht, es hat nichts genützt.«

»Verdammt aber auch«, flucht Dr. Popp, »ausgerechnet diese wichtige Zeit kurz vor der Tat. Läßt sich denn überhaupt nichts mehr machen. Irgendjemand muß doch wissen, wo der Mann damals war und was er tat.«

»Tut mir leid«, entgegnete Prähofer, »aber Sie haben ja auch angeordnet, so zu ermitteln, daß der Verdächtige auf keinen Fall etwas merkt. Wir bekommen es im Moment nicht heraus.«

Der Lebensweg von Anton G. läßt sich dann erst wieder vom 22. September 1921 an weiterverfolgen. An diesem Tag trat er als angelernter Schleifer bei den Deutschen Werken ein. Dort blieb er bis zum 21. April 1945. Nach Kriegsende beschäftigte ihn die Stadtverwaltung Ingolstadt als Ausgeher.

Laut Karteikarte ist Anton G. einmal vorbestraft – wegen des Diebstahls einer Fleischmaschine im Wert von wenigen Mark. Sonst kann Prähofer nichts Nachteiliges über den Mann erfahren. Er gilt als verschlossener und undurchsichtiger Mensch. Eine besondere Freundschaft mit Arbeitskollegen hatte er nicht, vielmehr wurde er von den meisten gemieden.

Fündiger werden die Beamten dagegen bei seinem Bruder Adolf G. Der zwei Jahre jüngere war im Ersten Weltkrieg ebenfalls Soldat. Nach 1918 kehrte er zu seinem Vater heim, der damals in Kranzberg (Kreis Freising) lebte. Im Frühjahr 1919 meldete er sich zusammen mit dem Sohn des Lehrers Kappelmaier zum Freikorps Epp. Er soll an den Kämpfen in München und Oberschlesien beteiligt gewesen sein.

Anschließend diente er beim 100 000-Mann-Heer, zuletzt als Unteroffizier in Ingolstadt. Etwa 1922/23 schied er aus und zog als Korbmacher durch die Gegend. Er war zweimal verheiratet, hatte mehrere Geliebte und wohnte zuletzt in Schönbichl, Gemeinde Tünzhausen (Kreis Freising).

1942 meldete sich Adolf G. aus unerklärlichen Gründen nochmal freiwillig zum Militär. Nach einigen vergeblichen Anläufen wurde der 52jährige schließlich eingezogen – zu einem Landesschützen-Bataillon in die Gegend von Würzburg. Dort war er als Aufseher einem Gefangenenlager zugeteilt. Und dort starb Adolf G. am 29. November 1944 auf sehr mysteriöse Weise.

Schritt um Schritt tastet sich Josef Prähofer in das Dunkel, das den Tod dieses Mannes umgibt. Endlich findet er heraus, daß Adolf G. in einem Reservelazarett der Wehrmacht gestorben sein muß. Am 17. April 1952 bittet der Beamte die Kripo Würzburg um Hilfe. Noch am selben Tag erhält er die Antwort: »Keine Unterlagen vorhanden. Vermutlich alle in der Brandnacht vom 16. März 1945 vernichtet.«

Da bekommt er den Tip, es doch einmal bei der Deutschen Dienststelle für Benachrichtigung der nächsten Angehörigen von Gefallenen der ehemaligen Deutschen Wehrmacht in Berlin-Wittenau zu versuchen. Und er hat Glück. Dort findet sich ein Blatt mit dem Eintrag, daß Adolf G. am 28. Februar 1944 mit »Schädelbruch durch Fahrrad-Unfall« eingeliefert und einen Tag später um 8.45 Uhr an den Folgen gestorben ist.

Die Angestellten dieser Berliner Behörde können ihm sogar noch mehr bieten: Ein Foto von Adolf G. auf dem Totenbett. Lange betrachtet sich Prähofer das matte Bild. Deutlich sind am Kopf die schweren Verletzungen zu erkennen. Das Gesicht ist verzerrt zu einer Fratze.

Dieser Mann soll vom Rad gefallen sein, geht es Josef Prähofer durch den Kopf. Je länger er sich das Foto anschaut, desto weniger glaubt er an diese Darstellung. Denn andere Versionen besagen, daß Adolf G. wegen seines brutalen Verhaltens von kriegsgefangenen Franzosen erschlagen wurde. Er hat einmal, erfährt der Kripo-Beamte, einen Gefangenen niedergeschossen, nur weil dieser aus der Reihe trat, um sich nach etwas Verlorenem zu bücken. Daraufhin sollen sich die Franzosen blutig gerächt haben. Andere wiederum wollen wissen, Adolf G. sei betrunken gewesen und dabei von einem Auto angefahren worden.

Prähofer neigt am ehesten zu der Version mit der Rache der Kriegsgefangenen. »Wissen Sie«, klärt er Ende April Staatsanwalt Dr. Andreas Popp auf, »fast alle von mir in den letzten Tagen befragten Zeugen schilderten ihn als Raufbold und Messerhelden. Er selbst soll häufig im angetrunkenen Zustand Streit gesucht haben.« Dr. Popp fühlt sich wieder bestätigt.

»Außerdem soll er bei den Kämpfen in Oberschlesien neun Bauern eigenhändig ermordet und ausgeraubt haben«, wirft Prähofer noch ein. »Ich habe da in der Freisinger Gegend einige Zeugen entdeckt, denen gegenüber er sich dieser Tat gebrüstet hat.«

»Zur Tatzeit übrigens war Adolf G. mit einer gewissen Magdalena Sch. aus Thalkirchen bei Freising liiert.« Prähofer liest aus seinem

Notizblock dem Staatsanwalt die letzten Neuigkeiten vor. »Die beiden zogen damals mit einem Bagagewagen durch die Hallertau und verkauften selbstgemachte Korbwaren. Die Frau, die drei Kinder hat, lebt zur Zeit in Freising. Sie war sehr unsicher, als wir sie vernahmen, wurde auf einmal sehr erregt und wollte plötzlich überhaupt nichts mehr über ihren damaligen Geliebten sagen.«

»Aha!« Dr. Popp blickt zur Decke seines Dienstzimmers. Er überlegt. »Die Adresse dieser Frau haben Sie ja.« Prähofer nickt. »Diese Zeugin sollten wir uns nochmal vornehmen . . .«

Der Kripo-Beamte fällt ihm ins Wort. »Eben diesen Vorschlag wollte ich Ihnen gerade machen. Ich habe nämlich das Gefühl, die Frau weiß viel mehr, als sie uns bisher gesagt hat.«

»Gut. Ich gebe Ihnen Bescheid, wann es bei mir zeitlich geht.« Dr. Popp setzt sich hinter seinen Schreibtisch, blättert in seinem Terminkalender. »Bevor ich es vergesse, machen Sie mir doch von alldem, was Sie bisher recherchiert haben, einen ausführlichen Bericht.«

Einen Tag später schon geht ein neunseitiges DIN-A-4-Schreiben an die Staatsanwaltschaft. Unterzeichnet ist es von Kriminal-Inspektor Halbedel und den Oberkommissären Prähofer und Nußbaum. Es enthält alle Fakten, mit denen ein Haftbefehl gegen den überlebenden Bruder Anton G. erwirkt werden soll.

Am 6. Mai 1952 hält Dr. Popp es an der Zeit, gegen Anton G. loszuschlagen. Zusammen mit Inspektor Halbedel von der Chefdienststelle der Kripo Schwaben fährt er nach Ingolstadt. Kurz vor 15 Uhr läßt er den ahnungslosen Rentner von der Kripo in seiner Wohnung abholen. Die Beamten sagen Anton G., daß sie wegen des Nachlasses seines Bruders einige Fragen an ihn hätten.

Bereitwillig macht sich Anton G. fertig. »Es wird ja nicht lange dauern?« Der Beamte, an den die Frage gerichtet ist, schüttelt den Kopf. »Nein. Kommen Sie nur.« Vor dem Haus wartet bereits ein ziviler Einsatzwagen. Schwer bewacht wird der Rentner zum Gebäude der Ingolstädter Polizei gefahren. Minuten später sitzt er Dr. Popp gegenüber.

Der Staatsanwalt faßt den Verdächtigen zunächst mit Samthandschuhen an. Höflich bittet er den unbeholfenen Mann, über seine Geschwister zu erzählen. Behutsam lenkt der Jurist dann das Gespräch

119

auf Kreszentia M., die ihre Brüder auf dem Totenbett des Mordes von Hinterkaifeck bezichtigte.

Ahnungslos schildert Anton G., daß er mit ihr »über Kreuz« war. Von seinem Bruder Adolf weiß er, daß dieser während einer Dienstfahrt mit dem Motorrad tödlich verunglückt ist.

Dr. Popp, die Kripo-Beamten aus Augsburg und die Ingolstädter Kollegen sind etwas ratlos. Dieser alte Mann, der hier fast schüchtern wie ein Schulbub vor ihnen sitzt, soll ein sechsfacher Mörder sein. Doch Dr. Popp läßt keine Gefühlswallungen aufkommen.

Vertrauensselig plaudert der Rentner über seine Jugend, daß er in Kaltenherberg bei Niederarnbach drei Jahre bei einem Bauern gelernt, dann ein Jahr in Hohenried und anschließend in Adelshausen bei Schrobenhausen war.

Da stellt Dr. Popp die erste Zwischenfrage. »Sind Sie gelegentlich auch einmal in der Gegend von Schrobenhausen gewesen?«

Anton G. schaut den Staatsanwalt ratlos an. Seine Augen scheinen zu sagen, was soll diese Frage, das verstehe ich nicht. Schließlich meint er »wann?«

»Wann ist gleichgültig.«

»Nach Schrobenhausen – nein – nach Schrobenhausen bin ich überhaupt nicht gekommen.«

Nach einem belanglosen Hin und Her will Dr. Popp plötzlich wissen: »Waren Sie mit Ihrem Bruder Adolf einmal in Waidhofen?«

Der Staatsanwalt schaut unauffällig auf seine Armbanduhr. Es dauert genau zwölf Sekunden, bis Anton G. erwidert: »Wo soll das sein, Waidhofen?«

»Zwischen Hohenwart und Schrobenhausen«, hilft ihm Dr. Popp.

»Zwischen Hohenwart und Schrobenhausen«, wiederholt Anton G. leise. Dann schweigt er. Genau 45 Sekunden, wie Dr. Popp später exakt festhalten läßt. Fast unverständlich murmelt der Rentner: »Ich war als Bub öfter auf der Dult in Hohenwart. Aber die Straße, die nach Schrobenhausen hineingeht, kenne ich nicht, weil ich über Hohenwart nicht hinausgekommen bin.«

Dr. Popp glaubt, daß es für das Vorgeplänkel reicht. Er wird jetzt direkter. Aus dem harmlosen und unverbindlichen Gespräch wird auf einmal ein hartes Verhör.

»Sind Sie 1921/22 nach Waidhofen gekommen?«

»Waidhofen . . .?«

»Oder Gröbern? – Wissen Sie wo Gröbern ist?«

»Weiß ich nicht. Also diese Dinger da droben weiß ich nicht.«

»Wangen wissen Sie auch nicht.«

Ohne zu überlegen antwortete Anton G. mit einem »Nein«.

Unter den Kriminalbeamten wächst die Spannung. Mißtrauisch beobachten sie den Rentner, lauern auf einen ersten Widerspruch, auf eine Regung im Gesicht, die ihn verdächtig macht.

»Wo meinen Sie, daß Sie sonst noch 1922 mit ihrem Bruder Adolf waren?«

Bieder antwortet Anton G.: »Ich kann mich nicht entsinnen, daß ich mit Adolf irgendwo hingekommen bin.«

Jetzt läßt Dr. Popp die Katze aus dem Sack. Eiskalt durchdringt seine Frage den Raum: »Waren Sie mit Adolf einmal in Kaifeck?«

Ohne jede Regung sagt Anton G. sofort: »War ich nicht.«

Wieder freundlicher fährt der Staatsanwalt fort. »Sie sollen dort einmal durchgekommen sein.«

»Ich?« entwischt es dem Verdächtigen.

»Ja, Sie mit Adolf.«

Im Gegensatz zum Staatsanwalt und den Beamten ist Anton G. völlig ruhig und gefaßt. »Ich? – Nein. – Ich kann Ihnen nicht einmal sagen, wo das wär.«

Da geht der bis dahin etwas gebückt dasitzende Mann in die Höhe, richtet mühsam seinen Oberkörper auf. Seine Augen treten hervor. »Jetzt, weil Sie sagen Kaifeck . . .« Dann kommt er ins Stottern. »Das ist doch wo der Mord gewesen ist, das ist doch in Hin . . .«

Dr. Popp läßt dem Verdächtigen keine Zeit zum Verschnaufen. »Ich habe gehört, daß Sie mit Adolf in Kaifeck waren.«

Zum erstenmal wird der so gefaßte Mann nervös. »War ich nicht. Es kann möglich sein, daß das jemand gesagt hat«, entgegnet er mit einer Stimme, die alles und nichts erahnen läßt, »und ich würde bitten, daß Sie mir diese Person vorstellen würden.«

Der Staatsanwalt bohrt weiter. Immer wieder will er wissen, ob Anton G. Waidhofen kennt. Doch der streitet ebenso beharrlich ab, dort je gewesen zu sein. So geht es zehn Minuten lang.

121

Da fällt Dr. Popp ein, daß nach den Aussagen des Postschaffners der alte Gruber kurz vor der Mordnacht in der Nähe seines Hauses eine ›Münchner Zeitung‹ gefunden hatte. Unvermittelt fragt er den Rentner: »Haben Sie einmal die ›Münchner Zeitung‹ gehabt?«

Spontan sagt dieser: »Hab' ich nicht gehabt.«

»Hat sie der Adolf gehabt?«

»Kann ich nicht sagen.«

»Wissen Sie bestimmt, daß Sie die ›Münchner Zeitung‹ nicht gehabt haben?«

»Weiß ich bestimmt.«

Die Vernehmung dauert schon eine Stunde. Das Ergebnis bisher ist gleich Null. Langsam wird der Staatsanwalt ungeduldig. Aber er versucht es weiter mit der »menschlichen Masche«. Er läßt dem Verdächtigen ein Glas Wasser bringen. Der bedankt sich überschwenglich, als hätte er ein Riesen-Geschenk erhalten. Dann unterhalten sich die beiden über den sechsfachen Mord – so, als würden zwei Nachbarn über das Wetter reden.

Vertrauensvoll fragt Anton G. nach dem Vorankommen der Polizei. Dr. Popp meint beiläufig: »Wir sind dran, den Mord aufzuklären.«

Das Gesicht des Rentners hellt sich auf. »Sind Sie schon dran, dann ist es gut, Herr Staatsanwalt, das ist gut dann, wenn Sie dran sind.«

Plötzlich wechselt Dr. Popp den unverbindlichen Gesprächston. Scharf blickt er Anton G. an. »Und wissen Sie, was gesagt wird?«

»Ja, was?«

»Daß der Herr Adolf G. und der Herr Anton G. es waren.«

»Soooooooo, das ist ja gut! Sie können bei der Despag Auskunft einholen, daß ich zu dieser Zeit mich nicht von der Arbeitsstelle entfernt habe.«

»Das haben wir schon gemacht. Leider ist das nicht mehr festzustellen, weil die Akten nicht mehr da sind.«

»Sooooo«, antwortete Anton G. nochmal völlig überrascht. »Ich ja, ich bin unschuldig – so wahr als ich hier sitze.«

Dr. Popp ändert wieder die Stimmlage. Er rückt mit seinem Stuhl näher an den Mann heran. »So, wir wollen jetzt menschlich miteinander reden. Durch diese Tat sind jahrzehntelang Familien aufeinandergehetzt worden und von einem bösen Geist in den Familien . . .«

Anton G. unterbricht den Staatsanwalt. »Verstehe ich«, meint er zustimmend und schaut die Beamten im Hintergrund leutselig an.

Dr. Popp fährt fort. »Da haben die einen gesagt, die anderen waren es, und die anderen haben gesagt, die waren es. Und so geht das hin und her. Der Persönlichkeit nach glaube ich, daß der Adolf es war, für den paßt das besser als für Sie. Ich kann mir vorstellen, daß Sie nur mitgegangen sind.« Der Verdächtige erschrickt. Bei den letzten Worten des Staatsanwalts ist er bleich geworden. Er ringt nach Luft. Dann streitet er das alles energisch ab.

Einen Tag darauf wird Anton G. verhaftet und in die Strafanstalt II in Augsburg gebracht. Nach Ansicht von Dr. Popp besteht Fluchtgefahr. 48 Stunden tut sich dann nichts. Am 10. Mai bittet Anton G. einen der Gefängnis-Beamten, die Kripo zu rufen.

Den Oberkommissären Prähofer und Nußbaum, die ihn noch am selben Tag aus der Zelle holen lassen, erklärt er: »Da ist noch etwas.« Anton G. kratzt sich verlegen am Kopf. Verstört starrt er die Beamten an. Schließlich kommt es. »Ich habe zu meinen Angaben vom 6. Mai in Ingolstadt noch eine Erklärung abzugeben.«

Die Beamten triumphieren innerlich. Haben sie ihn nun endlich so weit, daß er alles zugibt, fällt nun endlich der Schleier des Geheimnisses, der Hinterkaifeck wie eine Stahlwand umgibt?

Unsicher blickt Anton G. mehrmals zu Boden, zu dem vergitterten Fenster, der eisernen Tür. Die Verhaftung hat ihn schwer getroffen. Es dauert einige Minuten, bis er imstande ist, zu reden. »Mir ist eingefallen, daß ich im Herbst 1922 Adolf einmal besucht habe. Er hielt sich gerade in der Gegend von Schrobenhausen auf. Er hatte eine Geliebte dabei. Ich bin von Ingolstadt aus mit dem Rad zu ihm gefahren. Den Ort weiß ich nicht mehr. Es war aber nach der Tat in Hinterkaifeck.«

Prähofer und Nußbaum können ihre Enttäuschung nicht ganz verbergen. Sie unterbrechen ihn, wollen genauer wissen, wann er damals zu seinem Bruder fuhr.

Sie merken, der Mann ist verzweifelt. Er grübelt, überlegt. »Das weiß ich nicht mehr«, preßt er hervor, »es war halt Obsternte. Mein Bruder arbeitete für einige Tage auf einem Bauernhof. Ich blieb bei ihm über Nacht. Er, seine Geliebte und ich schliefen im Stall. Da erzählte Adolf, daß Hinterkaifeck, wo der Mord passiert ist, nicht weit weg ist. Und er zeigte – ich glaube in nordwestliche Richtung.«

»Hatte der Ort eine Schule?« Anton G. schüttelt den Kopf. »Hatte er eine Kirche, ein Wirtshaus?«

»Weiß ich nicht mehr«, antwortet der Rentner. »Ich kann den Namen des Dorfes beim besten Willen nicht nennen.«

»Ja«, fügt der Häftling hinzu, »und bei dieser Gelegenheit hat mir Adolf Äpfel und eine Gans geschenkt.«

»Und . . . weiter . . . was war noch . . .«, drängen die Beamten. »Nichts, am nächsten Tag bin ich mit dem Rad heimgefahren.«

Was weiß Anton G. noch? Wo war er tatsächlich damals? Wo hatte er die Gans her?

Fragen über Fragen.

Die Beamten fahren mit dem Rentner hinaus nach Hinterkaifeck. Interessiert schaut er aus dem Pkw-Fenster wie ein Bub, der zum erstenmal Eisenbahnfahren darf. Neugierig blickt er sich um an der Stelle, an der einst die Einöde stand. »Da war ich noch nie, also hierher hab' ich mich noch nie verirrt«, murmelt er öfter.

Die Kripo-Leute lassen sich den Hof beschreiben, auf dem der Mann einst mit seinem Bruder übernachtete. Er braucht etwas Bedenkzeit. »Ja, der war also übers Kreuz gebaut und stand allein.«

Das würde die bauliche Lage von Hinterkaifeck genau treffen. Doch plötzlich korrigiert sich Anton G. »Nein . . . nein . . . der Hof war durchgehend langgestreckt.« Und dann glaubt er auch, wo das Anwesen zu finden sein müßte: Zwischen Edelshausen und Brunnen.

Sofort fahren die Beamten weiter. Prähofer läßt den Dienstwagen immer wieder halten, dann steigen sie alle aus, gehen ein Stück. Aber Anton G. findet den Hof nicht.

Hatte der Staatsanwalt zunächst auf Raubmord als Motiv getippt, glaubt er jetzt an Eifersucht: Er vermutet, daß Adolf G. ein Verhältnis mit der jungen Viktoria hatte. Als er dann erfuhr, daß die Witwe es mit ihrem Vater trieb, wollte er den Alten und Viktoria umbringen. Und damit es keine Zeugen des Verbrechens gab, mußten die Gruberin, die beiden Kinder und die Magd auch noch sterben. Sein Bruder Anton dürfte ihm dabei geholfen haben.

# XXI.
## Kampf gegen die Zeit

Dr. Popp steht jetzt mit einemmal unter wahnsinnigem Zeitdruck. Um Anton G. weiter in Haft behalten zu können, muß er nachweisen, daß gegen den Rentner bereits vor 1942 eine »richterliche Handlung« erfolgt ist.

Die Situation ist nämlich die: Der Mordfall Hinterkaifeck wäre schon nach 20 Jahren verjährt gewesen. Diese Frist wurde jedoch durch jede Verhaftung eines Verdächtigen gestoppt. Zum letztenmal 1937. Damals stellte das Amtsgericht Schrobenhausen in Sachen Hinterkaifeck drei Haftbefehle aus. Die Verjährungsfrist war damit unterbrochen. Von diesem Zeitpunkt an begann die Zählung wieder von vorne.

Nervös trommelt Dr. Popp mit den Fingern auf seinen Schreibtisch. Es ist der 13. Mai 1952. Draußen scheint die Sonne, geht der Frühling in den Sommer über.

Noch nie brannte ihm dieses Problem so wie heute unter den Nägeln. Er muß nicht nur schleunigst weitere Beweise herbeischaffen, sondern auch nachweisen, daß gegen die Brüder Anton und Adolf G. bereits zwischen 1922 und 1942 wegen des sechsfachen Mordes ermittelt wurde. Sonst riskiert er, daß der Rentner schon in wenigen Tagen wieder auf freiem Fuß ist.

Um dies unter allen Umständen zu verhindern, diktiert er sofort einen vierseitigen Brief an das Landgericht Augsburg. Das Schreiben wird noch am selben Tag weitergeleitet. Darin heißt es: »Anton G. hat sich seit seiner ersten Vernehmung bereits in Widersprüche verwickelt. Auffallend ist, daß G. aussagt, es sei kein Raubüberfall gewesen, weil nichts geraubt worden ist. Hierzu ist zu bemerken, daß vom ersten Tag an sämtliche Veröffentlichungen in der Presse unter dem Titel ›Raubmord in Hinterkaifeck‹ erfolgt sind. Ferner fällt auf, daß sich G. auch auf Vorhalt hin nicht an sechs, sondern immer nur an fünf Opfer erinnern kann. Den zweieinhalbjährigen Josef, der damals am schlimmsten zugerichtet wurde, vergißt er ständig aufzuzählen. Der Haftbefehl ist daher zu Recht ergangen. Da noch eine Reihe von

Ermittlungen notwendig sind, wird beantragt, den Haftbefehl noch eine entsprechend lange Zeit aufrechtzuerhalten.«

In den Wettlauf der Staatsanwaltschaft mit der Zeit platzt ein Anruf aus dem Amtsgerichts-Gefängnis Donauwörth, in dem Anton G. mittlerweile einsitzt. Ein Mithäftling des Rentners soll schweres Belastungsmaterial erfahren haben. Dr. Popp fährt sofort los.

Am Nachmittag des 16. Mai sitzt er dem Metzger Michael St. aus Dillingen gegenüber. Der 25jährige verbüßt in Donauwörth wegen Steuerbetrugs eine Freiheitsstrafe. Aufgebracht schildert dieser, was ihm der neue Gefangene Anton G. anvertraut hat. Nämlich, daß sein Bruder Adolf in Hinterkaifeck dabei war. Er, Anton, sei erst vier Tage nach dem Mord auf dem Hof gewesen und habe sich Obst und eine Gans geholt.

Dr. Popp bleibt die Luft weg. Das wäre das Geständnis, auf das sie alle seit Tagen warten.»Und, hat er noch etwas zu Ihnen gesagt, Einzelheiten über die Tat.« Der Mithäftling kramt umständlich nach einem Zettel.»Wissen Sie, ich habe mir hier Stichpunkte notiert. – Ja, er sagte immer nur, daß sein Bruder dort war. Er selbst habe die Tat nicht begangen.«

Als Anton G. mit diesen Aussagen konfrontiert wird, beschimpft er die Beamten.»Ihr habt mir den nur als Spitzel in die Zelle gegeben. Der sollte mich aushorchen. Jetzt kapiere ich. Aber alles, was der sagte, ist erlogen.« Mehr ist von da ab nicht herauszuholen. Er schweigt.

In fieberhafter Eile hat die Kripo frühere Schrobenhausener und Neuburger Richter, Justiz-Angestellte und Gendarmen ausfindig gemacht. Sie könnten noch etwas von Ermittlungen gegen die Brüder G. wissen. Erleichtert atmet Dr. Popp auf, als Prähofer ihm die Liste auf den Schreibtisch legt. Er wirkt nervös, gereizt, übernächtigt. »Geben Sie her«, fährt er etwas unwirsch den Beamten an. Dann liest er die Namen halblaut vor: Landgerichts-Direktor a. D. Dr. Tischler, Oberstlandesgerichtsrat a. D. Heinrich Kestel in München, Oberstlandesgerichtsrat Dr. Müller, Oberamtsrichter Hölzle, Schrobenhausen, Oberamtsrichter Reiter, Neuburg, Justiz-Oberinspektor Latteier, Amtsgericht Augsburg, früher Neuburg, Justiz-Oberinspektor a. D. Xaver Reiter, Behlingen, früher Neuburg, Justiz-Oberinspektor Müller, Staatsanwaltschaft München II, früher Neuburg, Kommissär

126

a. D. Anneser, früher Hohenwart, jetzt Wettenhausen (Kreis Günzburg).

Am 19. Mai kann Dr. Popp nochmal kurz aufatmen. Die Erste
Strafkammer des Landgerichts Augsburg hat die Entscheidung über
die Haftbeschwerde von Anton G. zurückgestellt – bis 26. Mai 1952.
Er hat jetzt noch genau sieben Tage Zeit. Ein dramatischer Wettlauf
mit der Zeit beginnt.

Dr. Popp kommt vom Telefon nicht mehr weg. Er dirigiert, lenkt
die Recherchen vom Schreibtisch aus. Das Präsidium der Landespolizei von Oberbayern in München bittet er, einen Beamten zu Oberstlandesgerichtsrat Dr. Müller beim Obersten Landesgericht zu schik-
ken. Er soll befragt werden, ob er sich erinnert, daß während seiner
Tätigkeit als Richter oder Staatsanwalt in Neuburg eine richterliche
Ermittlungshandlung gegen Anton und Adolf G. in Zusammenhang
mit dem Mordfall Hinterkaifeck vorgenommen wurde.

Über das Polizei-Fernschreibnetz Bayern kommt die Antwort:
»Oberstlandesgerichtsrat Dr. Müller wurde zur Sache befragt. Dieser
gibt an, sich an nichts mehr erinnern zu können.«

Die Polizei-Inspektion in Neuburg an der Donau wird ersucht, bei
Dr. Lauber festzustellen, wo sein Schwiegervater, Landgerichtsdi-
rektor Dr. Tischler, wohnt. Eine Stunde später hat Popp die Adresse.
Doch die Beamten, die Dr. Tischler kurz darauf in seiner Wohnung in
Freising besuchen, erfahren nicht viel Neues. Der Landgerichtsdirek-
tor a. D. erinnert sich nur noch an einen Haftbefehl, den er 1927 gegen einen Mann aus Pappenheim erließ. Dieser hatte sich als Täter
von Hinterkaifeck ausgegeben. Irgendeine richterliche Handlung gegen eine Person mit Namen G. ist ihm nicht im Gedächtnis.

So oft der Staatsanwalt versucht, Licht in das Dunkel zu bringen,
die Antwort ist immer die gleiche: »Fehlanzeige«. Da entschließt sich
Dr. Popp in letzter Sekunde, bei allen Polizeidienststellen in Bayern
nachzuforschen. Anton G. ist trotz der bereits abgelaufenen Frist
immer noch in Haft. Aber wie lange noch? Der Staatsanwalt darf
keine Minute verlieren.

In den frühen Morgenstunden des 29. Mai 1952 ergeht auf Anord-
nung von Dr. Popp eine Sammelfernschrift an sämtliche Polizeidienststellen in Oberbayern, Niederbayern/Oberpfalz und Schwa-

ben. Die Beamten sollen befragt werden, ob sich jemand an Ermittlungen gegen die Brüder Anton und Adolf G. wegen Hinterkaifeck erinnert.

Noch bevor die ersten Antworten auf dieses Fernschreiben eingehen, wird Anton G. auf freien Fuß gesetzt. Am frühen Morgen des 30. Mai öffnen sich für ihn die Gefängnistore. Mit knirschenden Zähnen hat Dr. Popp erfahren, daß die Erste Strafkammer des Landgerichts Augsburg den Haftbefehl aufgehoben hat. Begründung: Es besteht keine Fluchtgefahr mehr, da eine Bestrafung wegen der inzwischen eingetretenen Verfolgungsverjährung nicht mehr erfolgen kann.

Anton G. ist noch keine 24 Stunden in Freiheit, da ergibt sich eine heiße Spur. Oberkommissär Rieder vom Landpolizei-Posten Wessling erinnert sich, daß während seiner Zeit als Postenchef in Petershausen (Kreis Dachau) einmal Ermittlungen wegen Hinterkaifeck geführt wurden. Und zwar zwischen 1931 und 1939. Verdächtig war damals ein Mann, dessen Name dem Beamten nicht mehr einfällt. Er weiß nur noch, daß Korbmacher aus der Gegend von Karlskron öfter nach Petershausen kamen. Er nennt schließlich drei Kollegen, die damals mit ihm in Petershausen waren.

Sofort werden der Kriminal-Sekretär Georg Vollnhals in München, Kommissär Josef Aberl vom Landpolizei-Hauptposten Bad Aibling und Gendarmerie-Meister Ludwig Schmidt in Obermoschel (Kreis Rockenhausen) als Zeugen gehört. Doch keiner weiß mehr etwas. »Wissen Sie, das ist ja schon so lange her!« Prähofer und Nußbaum, die immer noch unermüdlich tätig sind, haben diesen Satz schon mindestens hundertmal gehört.

Sechs Tage später, am 6. Juni, scheint sich erneut eine Wende anzubahnen. Ein Oberkommissär Ludwig Beck aus Fahrenzhausen meldet sich. Der Mann war in den dreißiger Jahren Postenchef in Unterbruck (Kreis Fürstenfeldbruck). Er weiß noch genau, daß er um 1937 oder 1939 ein Schreiben von der Staatsanwaltschaft Augsburg erhielt. Darin wurde er aufgefordert, in seinem Bereich nach dem Aufenthalt eines gewissen G. zu fahnden. Dieser, so glaubt Beck zu wissen, stand als Mörder von Hinterkaifeck in Verdacht.

128

Wieder beginnen fieberhafte Ermittlungen. Es geht jetzt nicht mehr darum, Anton G. vor Gericht zu bringen, sondern den unheimlichen Mordfall aufzuklären. Dr. Popp wäre froh, wenn er sagen könnte, der oder die waren es und darum haben sie es getan. Damit würden endlich rund um Hinterkaifeck die Verdächtigungen aufhören, die immer noch tiefe Gräben zwischen einzelnen Familien reißen.

Die alten Tagebücher der Polizei Unterbruck werden durchgeblättert. In dem Buch für das Jahr 1937 finden die Kripo-Leute keine Zeile, die auf die Brüder G. hindeuten würde. Als die Beamten unter dem Stapel alter, verstaubter Akten den Band für 1938 suchen, erleben sie eine böse Überraschung – er fehlt. Keiner der damaligen Beamten kann sich dies erklären.

»Ausgerechnet dieser Band«, stöhnt Prähofer. Oberkommissär Beck kann es gar nicht fassen, daß das Buch nicht da ist. »Dies ist mir völlig unerklärlich«, jammert er.

# XXII.
## Vorwürfe gegen die Polizei

Durch Zufall erfahren die beiden »Weltbild«-Reporter Heinz Ulrich und Gerhard Gronefeld von der Verhaftung und Freilassung des Anton G. Kaum eine Zeitung hat bisher über diese Vorgänge berichtet. Justiz und Polizei halten alles geheim. Sie hoffen nach wie vor, weiterzukommen.

Ulrich und Gronefeld brauchen Wochen, bis sie die Adresse des Mannes ermitteln können. Unangemeldet stehen sie ihm dann gegenüber. Aus dem ersten Gespräch mit Anton G. wird ein zweites, ein drittes . . .

Die beiden Reporter werden immer skeptischer. Dieser Rentner soll zusammen mit seinem Bruder eines der grausigsten Verbrechen der letzten Jahrzehnte verübt haben! Sie glauben es nicht. Sie recherchieren auf eigene Faust. Und sie erheben schwere Vorwürfe gegen die Kriminalpolizei.

Sie halten den zuständigen Beamten vor, die Glaubwürdigkeit der Schwester von Anton G. nicht ausreichend untersucht zu haben. Statt sich sofort auf den Rentner zu stürzen, hätte die Kripo erst einmal die Frage klären müssen: Was trieb diese Frau eigentlich zu dieser ungeheuren Beschuldigung?

Ohne große Mühe finden die zwei Journalisten heraus, daß die tote Schwester eine schwer psychopathische Hysterikerin gewesen ist. Sie stöbern eine frühere Arbeitgeberin von ihr auf, die spontan sagt: »Wenn es die ist, die Sie meinen, dann muß ich Ihnen sagen, daß bei ihrer angeborenen teuflischen Bosheit alles Lug und Trug war, was sie gebeichtet hat.«

Tatsache ist auch: Kreszentia M. hatte eines Tages ihren kranken Vater nach Augsburg gelockt. »Ich werde Dich gesundpflegen, bei uns wirst Du es schön haben.« Ausgerechnet zu der ist er gezogen, tuscheln die Geschwister. Denn jeder wußte, daß Kreszentia von ihnen allen das schlechteste Verhältnis zum Vater hatte. Und sie scheint das Ganze auch nicht aus christlicher Nächstenliebe getan zu haben. Kaum war der alte G. bei ihr in Augsburg, schob sie ihn als Pflegefall ins Krankenhaus ab, wo der Mann bald darauf starb. Sie soll dann sogar noch versucht haben, seine Leiche an die Anatomie in München zu verkaufen. Doch das stritt Kreszentia energisch ab, als ihre Geschwister sie zur Rede stellten.

Ulrich und Gronefeld stellen eine Reihe interessanter Punkte zusammen, warum es ihrer Ansicht nach der Mordverdächtige Anton G. nicht gewesen sein kann.

1. Es ist unwahrscheinlich, daß ein Mörder noch Tage nach seiner Tat im Mordhaus verweilt, um das Vieh zu füttern. Daß das Vieh gefüttert wurde, ist bewiesen.

2. Es ist nicht anzunehmen, daß Hausierer, Hamsterer, Korbflechter und dergleichen Leute, wenn sie auch gelegentlich auf den Hof kamen, wirkliche Kenntnisse von den Lokalitäten gewinnen konnten. Der alte Gruber galt als menschenscheu. Das Haus war immer verschlossen.

3. Der Mörder muß auf der Einöde bekannt gewesen sein. Der Hund hat ihn ja nicht gemeldet.

4. Weder Eifersucht noch Raublust hätten ein solches Verbrechen zustandegebracht. Der Mord geschah aus Rache und war genauestens vorbereitet. Planen konnte das Verbrechen aber nur jemand, der sich auf dem Hof wie in seiner Hosentasche auskannte.

5. Der Mörder hat auch das Wetter in seine teuflischen Pläne mit einbezogen. Im Sommer wäre der Täter nicht unbemerkt und ohne weiteres zu der Einöde gekommen. Außerdem wäre da die Tat vermutlich schon früher entdeckt worden, da im Sommer zu viele Leute unterwegs auf ihre Felder sind. Im Winter hätten ihn die Spuren im Schnee verraten. So aber haben Schnee und anschließender Regen alle Spuren verwischt.

6. Jeder andere Verbrecher hätte das Vermögen der Opfer mitgenommen. Man kann nicht erwidern, die Mörder hätten vielleicht in Hast gehandelt und vielleicht das versteckte Gold- und Silbergeld nicht gefunden. Denn sie haben noch drei Tage das Vieh gefüttert. Einiges spricht dafür, daß die Mörder nicht die ganze Zeit über im Haus waren. Vermutlich hat jemand das Vieh versorgt, der ein- oder zweimal extra deswegen herkam. Wagen konnte das nur jemand, der in dieser Gegend absolut unverdächtig war.

7. Sechs Menschen, einen nach dem andern abzuschlachten wie es hier geschah, ohne daß sich das Gewissen regen, daß der Plan Fehler bekommen würde, das ist nur möglich, wenn sich der Täter im Recht glaubt, dann also, wenn eine persönliche Rache im Spiel ist.

# XXIII.
## Das Verbrechen vor dem Parlament

Unbemerkt von der Öffentlichkeit gehen auch im Sommer und Herbst 1952 die Ermittlungen im Fall Hinterkaifeck weiter. Zum Jahresende gibt die Justiz erstmals eine Meldung an die Presse. Am Silvesterabend meldet der Bayerische Rundfunk, daß das Rätsel von Hinterkaifeck mit größter Wahrscheinlichkeit gelöst ist. Die Zeitungen im gesamten Bundesgebiet folgen in den nächsten Tagen.

»Mord nach 30 Jahren aufgeklärt« berichtet in ihrer Wochenendausgabe vom 3. Januar die Frankfurter Rundschau. Der Text, der dabei verwendeten Agentur AP lautet: »Eine der grausigsten Bluttaten der Kriminalgeschichte, der sechsfache Mord von Hinterkaifeck, ist von der Staatsanwaltschaft Augsburg nach 30 Jahren aufgeklärt worden. Nach ihren Ermittlungen wurde der Haupttäter 1944 erschlagen, der Mittäter, sein Bruder, befindet sich nach dreiwöchiger Untersuchungshaft wieder auf freiem Fuß, weil die Verjährungsfrist von 20 Jahren abgelaufen ist, so daß er nicht mehr vor Gericht gestellt werden kann.

Der etwa 70jährige überlebende Bruder wohnt als Rentner in ärmlichen Verhältnissen in einem südbayerischen Ort. Seinen Namen verschweigt die Staatsanwaltschaft, um ihm nicht doch noch eine Strafe aufzuerlegen, die das Schicksal und der Gesetzgeber ihm erspart haben.

Unheimlich wie die Mordtat selbst, ist auch ihre Vor- und Nachgeschichte. Der Einödhof Hinterkaifeck im Kreis Schrobenhausen zwischen Augsburg und Ingolstadt wurde von einem alten Bauernehepaar, dessen 1914 verwitwete Tochter, deren zwei Kinder und einer Magd bewohnt. Die Kinder waren aus einem Verhältnis der Witwe mit ihrem Vater hervorgegangen. Die Witwe war außerdem mit einem der Brüder befreundet, und zwar mit dem, der 1944 ermordet wurde.

Nachdem es zwischen dem Vater und dem Freund der Witwe mehrfach zu Eifersuchtsszenen gekommen war, erschlugen der Freund und sein Bruder am 31. März 1922 mit Kreuzhacken alle sechs Bewohner des Hofes. Erst fünf Tage später wurde die furchtbare Tat entdeckt. Trotz einer Belohnung von 100 000 Mark blieb die Fahndung nach den Mördern ohne Erfolg.

Vor einem Jahr tauchte der ungeklärte Fall wieder in der Presse auf, als ein Rußlandheimkehrer behauptete, ein Sowjetkommissar deutscher Abstammung habe sich ihm gegenüber gebrüstet, der Mörder von Hinterkaifeck zu sein. Diese Behauptung erwies sich zwar als erfunden, doch führte die neue Diskussion des Falles zu einem Hinweis an die Polizei, daß eine Schwester der Mörder 1941 auf dem Sterbelager einem Pfarrer die Tat ihrer Brüder gebeichtet habe. Der Geistliche nannte den Namen der Verstorbenen nicht. Als die Kriminalpolizei ihm jedoch nach einem Vergleich der Sterbeakten von 1941 mit den Akten Hinterkaifeck ihren Namen auf den Kopf zusagte, bestätigte der Pfarrer, daß es der richtige sei.

So gelang es bereits im Mai 1952, den überlebenden Bruder festzunehmen. Er leugnete zwar, verstrickte sich jedoch nach Angabe der Staatsanwaltschaft in solche Widersprüche, daß er als überführt angesehen werden konnte. Sein Bruder, der Haupttäter, war 1944 als Unteroffizier in der Bewachungsmannschaft eines Kriegsgefangenenlagers bei Würzburg. In dieser Eigenschaft erschoß er einen französischen Lagerinsassen, weil er aus dem Glied getreten war, um einen verlorenen Gegenstand aufzuheben. Wenige Tage später wurde der Mörder erschlagen aufgefunden.

Die Mitteilung der Staatsanwaltschaft erfolgt erst jetzt, sieben Monate nach der Freilassung des überlebenden Mittäters, weil bis vor kurzem noch Hoffnung bestand, trotz der Verjährungsfrist gegen ihn vorgehen zu können. Das wäre möglich gewesen, wenn vor weniger als 20 Jahren schon einmal eine gerichtliche Ermittlung wegen der Mordtat gegen den überlebenden Mittäter durchgeführt worden wäre. Nunmehr hat sich herausgestellt, daß eine solche Ermittlung jedoch nicht stattfand.

Die Staatsanwaltschaft betont, wenn die früher gültige Verjährungsfrist von 30 Jahren noch bestünde, hätte man einen Mörder seiner Strafe zuführen können. So scheint es dabei zu bleiben, daß nur einen der Mörder sein Schicksal ereilt hat.«

Der ungeheure Presserummel erschreckt die Justiz. Viele Blätter drucken den vollen Namen von Anton G. ab und bezeichnen ihn – obwohl nie rechtskräftig verurteilt – als Mörder. Oberstaatsanwalt Dr. Maginot aus Augsburg erklärt daraufhin sehr vorsichtig: »Die Täterschaft im Fall Hinterkaifeck ist noch völlig ungeklärt. Die Verdachtsmomente gegen den mutmaßlichen Täter sind keineswegs ausreichend.«

Dr. Andreas Popp verfolgt die weitere Entwicklung »seines Falles« von München aus. Er wurde als Amtsrichter in die weiß-blaue Landeshauptstadt versetzt.

Im Februar 1953 kommt »Hinterkaifeck« sogar vor den Bayerischen Landtag. In der 123. Sitzung am Dienstag, den 3. Februar, erteilt Landtagspräsident Dr. Hundhammer dem FDP-Abgeordneten Bezold das Wort. Erregt fragt der Parlamentarier: »Herr Präsident, hohes Haus! Meine Frage richtet sich an den Herrn Justizminister. Wie konnte es geschehen, daß der am 31. März 1922 auf dem Hof Hinterkaifeck bei Wangen im Kreis Schrobenhausen begangene sechsfache Mord an dem Täter, der jetzt angeblich bekannt ist, nicht gesühnt werden konnte? Warum hat die Staatsanwaltschaft nicht dafür gesorgt, daß die Verjährung rechtzeitig unterbrochen wurde und die Möglichkeit der Strafverfolgung gewahrt blieb?«

Justizminister Weinkamm kontert: »Herr Präsident, meine Damen und Herren. Der Fall eignet sich nicht in vollem Umfang zur öffentlichen Beantwortung, da die Ermittlungen noch nicht abgeschlossen sind. Zur Rechtslage darf ich kurz auf folgendes hinweisen. Nach § 67 Absatz 1 des Strafgesetzbuches verjährt die Strafverfolgung wegen Mordes in 20 Jahren. Die Verjährung wird nur durch eine Handlung des Richters unterbrochen, die wegen der begangenen Tat gegen den Täter gerichtet ist. Dabei wirkt die Unterbrechung wie in § 68 Absatz 2 noch ausdrücklich klargestellt ist, nur gegen die Person, auf die sich die Unterbrechungshandlung bezieht. Eine Handlung des Richters gegen eine zu Unrecht als Täter angesehene Person genügt also nicht, um gegen den wirklichen Täter die Unterbrechung der Verjährung herbeizuführen.«

Der Minister räuspert sich, blättert in seinen Unterlagen. »Auf den Mordfall Hinterkaifeck angewendet, bedeutet dies: Der Mord vom

April 1922 war bereits im April 1942 verjährt, sofern nicht eine wirksame richterliche Unterbrechungshandlung gegen den wirklichen Täter durchgeführt wurde. Ob eine solche richterliche Handlung bis zu diesem Zeitpunkt vorgenommen worden ist, wird zur Tat festgestellt. Die Ermittlungen sind sehr mühsam, weil die Gerichtsakten beim Brand des Augsburger Justizgebäudes mitverbrannt sind.«

Im Parlament ist es still. Minister Weinkamm schaut in die Reihen der Abgeordneten. Dann fügt er hinzu: »Im übrigen ist die Auffassung in einem Teil der Presse, daß der Täter bekannt und überführt sei und nur wegen nicht rechtzeitig unterbrochener Verjährung nicht verfolgt werden könne, unrichtig. Weiteres kann hierzu nicht gesagt werden, wie ich schon eingangs ausgeführt habe, um den Ermittlungserfolg nicht zu gefährden. Dagegen kann soviel gesagt werden, daß die Augsburger Staatsanwaltschaft, als nach dem Zweiten Weltkrieg der Fall Hinterkaifeck wieder in der Öffentlichkeit erörtert wurde, sehr umfangreiche Erhebungen angestellt hat, die auch jetzt noch mit aller Energie weiterbetrieben werden. Es kann daher keineswegs von einem Verschulden der Staatsanwaltschaft gesprochen werden.«

»Im übrigen darf ich hinweisen, daß gerade der Fall Hinterkaifeck dem bayerischen Justizministerium schon im März vorigen Jahres Anlaß war, bei der Beratung des sogenannten Strafrechtsbereinigungsgesetzes im Bundesrat bei den Kapitalverbrechen auf eine Verlängerung der Strafverfolgungsverjährung auf 30 Jahre hinzuwirken. Der Bundesrat hat dem Bundestag diese Verlängerung empfohlen, so daß die Hoffnung besteht, daß wenigstens für die Zukunft ein Mord erst in 30 Jahren verjährt.«

Da meldet sich der FDP-Politiker Bezold nochmal zu Wort. »Ich darf den sehr geehrten Herrn Minister fragen, ob er es nicht für angebracht gehalten hat, daß die Justizpressestelle, die doch sonst in manchen Fällen sehr gesprächig war, auch in diesem Fall die Beunruhigung, die vielleicht, wie er schildert, durch falsche Artikel und falsche Schilderungen der Presse in die Bevölkerung gekommen ist, durch eine mehr oder weniger ausführliche Notiz und Stellungnahme der Justizpressestelle behoben worden wäre.«

Mit besorgter Miene geht Minister Weinkamm erneut ans Redner-pult. »Meine Damen und Herren. Es ist immer sehr schwer, zu sagen, was in einem solchen Fall das einzig Zweckmäßige und Richtige ist. Ich habe Ihnen schon gesagt, daß ich hier aus bestimmten Gründen nicht lange Ausführungen machen kann, und die gleichen Gründe sind maßgebend dafür, daß auch die Justizpressestelle keine Ausführungen gemacht hat. Man kann darüber streiten, ob das richtig ist. Ich halte es jedenfalls für zweckmäßig.«

Vier Tage später schreibt der Gerichtsreporter Alfred Schwenger in der »Schwäbischen Landeszeitung«: »Bayerns Justizminister Otto Weinkamm mußte in der letzten Landtagssitzung zu einer Frage Stellung nehmen, mit welcher Klarheit über den Mordfall Hinterkaifeck verlangt wurde. Eine restlose Klärung über das Kernproblem dieses Präsedenzfalles konnte unserer Meinung nach weder die Frage herbeiführen, noch Weinkamms Antwort. Die Öffentlichkeit will zunächst gar nicht wissen, ob ein sechsfacher Mord, wie der in Hinterkaifeck, in zwanzig oder dreißig Jahren verjährt, wenn der Täter unentdeckt geblieben ist und gegen ihn in diesem Zeitraum keine richterliche Untersuchungshandlung vorgenommen wurde. Was sie wissen will, ist vielmehr, warum so ein Kapitalverbrechen überhaupt verjähren kann.

Bis 1945 galt im deutschen Strafrecht noch folgende Bestimmung: Der Staatsanwalt kann die Verfolgung eines Verbrechens einleiten, wenn die Verhängung der Todesstrafe oder von lebenslangem Zuchthaus zu erwarten ist. Diese Kann-Bestimmung wurde nach 1945 als ›nationalsozialistisches Rechtsgut‹ klassifiziert. Mit einem gewissen Recht. Im sogenannten Dritten Reich genügte ja unter Umständen schon ein leicht verrutschter Peilstrich auf der Wellenskala eines Rundfunkgeräts – und das Kapitalverbrechen ›wegen Abhörens von Feindsendern‹ war fällig. Daß derartige und noch eine Reihe anderer diktatorischer Rechtsdelikte nicht mehr ›greifbar‹ gemacht werden sollten, dürfte allgemein einleuchten. Im Fall Hinterkaifeck könnte jedoch der Eindruck entstehen, daß die Gesetzreformer mit der Aufhebung dieser Klausel etwas voreilig das Kind mit dem Bade ausgeschüttet haben. Unbestritten dürfte sein, daß die Untersuchungsbehörden, würde diese Gesetzesvorschrift heute noch gelten, viel leichter arbeiten könnten. Es wäre vertretbar, wenn man über die mögliche Wiedereinführung dieser Kann-Bestimmung an zuständiger Stelle einmal diskutiert würde. In der Öffentlichkeit würde dann der etwas peinliche Eindruck verschwinden, daß ein nicht überführter Mörder nur zwanzig Jahre lang den Mund zu halten brauche, um straffrei ausgehen zu können.«

Wenn die letzten Presseberichte über Hinterkaifeck nach Meinung von Justizminister Weinkamm formaljuristische Mängel aufwiesen, dann auch deswegen, weil über die Anwendbarkeit dieser fraglichen Bestimmung sich bis heute nicht einmal die Gesetzeskommentatoren einig sind.«

Der für Hinterkaifeck zuständige Augsburger Staatsanwalt ist jetzt Dr. Dr. Ferdinand Herrnreiter. Am 22. Februar 1954 erklärt er: »Ob all diese Momente, welche den Beschuldigten – Anton G. – zweifellos schwer belasten, zur Anklageerhebung gegen ihn ausgereicht haben würden, kann dahingestellt bleiben, da bisher nicht mit Sicherheit nachgewiesen werden konnte, daß gegen Anton G. vor 1942 eine zur Verjährungsunterbrechung geeignete richterliche Handlung vorgenommen wurde.«

Da alle derartigen Ermittlungen ergebnislos bleiben, wird auf Weisung des bayerischen Justizministers Dr. Fritz Koch im Sommer 1955 die Akte Hinterkaifeck geschlossen.

# XXIV.
## Die letzte Spur

Ein Brief, den der Augsburger Oberstaatsanwalt Öchsler am 4. Mai 1971 von einer Therese T. erhält, bringt erneut Ermittlungen im Mordfall Hinterkaifeck in Gang – fast 50 Jahre nach dem Verbrechen.

»Es tut mir leid«, steht in ungelenker Schrift auf dem querformatigen, doppelt gefalteten Papier, »Ihnen die Wahrheit über Hinterkaifeck schildern zu müssen. Ich war damals zwölf Jahre alt, als die Mutter der beiden Mörder zu meiner Mutter kam und alles beichtete.« Dann nennt die Frau die Namen der Männer, die den Mord begangen haben sollen: Die Brüder Karl und Andreas S. aus Sattelberg.

Obwohl der Fall längst verjährt ist, entschließt sich der zuständige Oberstaatsanwalt Max Beck, die Fährte aufzunehmen. Es können zwar keine Täter mehr vor Gericht gestellt werden, aber für ihn wäre es schon ein großer Erfolg, das Geschehen von damals aufzuklären.

Am 29. Juni wird die Rentnerin Therese T. von Kriminal-Inspektor Gastl in ihrer Wohnung in Augsburg vernommen. Der Beamte ist noch kaum im Hausgang, als die Frau schon herausplatzt: »Wissen Sie, den Brief hab' ich jetzt erst geschrieben, aus Angst vor Rache. Außerdem hat meine Mutter, von der ich alles weiß, mir immer gesagt, ich soll schweigen.«

Hastig schildert Therese T., die schon über 70 Jahre alt ist, was sie weiß. Daß sich die Mutter der Mörder später das Leben nahm, indem sie in ihrer Küche einen Scheiterhaufen aufbaute, sich darauf setzte, mit Petroleum übergoß und selbst anzündete. Und daß die beiden Brüder bereits seit vielen Jahren tot sind.

Die Frau macht zwar einen stark verwirrten Eindruck, aber sie ist im Besitz von Aufzeichnungen ihrer Mutter. Die Beamten machen schließlich eine interessante Entdeckung. In den Notizen der Mutter steht der Satz: »Eines reut den Andreas S. immer. Sein Messer hat er verloren . . .«

»Sonderbar«, sagt Kriminal-Inspektor Gastl, »daß die Frau von einem Messer spricht, das der von ihr benannte Täter am Tatort verloren haben soll.« Denn von dem Taschenmesser, das beim Abbruch von Hinterkaifeck 1923 gefunden worden war, können höchstens einige Menschen wissen. Es konnte ja auch nie geklärt werden, ob es dem alten Gruber oder seinem Mörder gehörte. Und jetzt, fast ein halbes Jahrhundert später, spricht diese Zeugin von eben jenem Messer.

Wochenlang recherchiert die Kripo, vernimmt Nachbarn, welche die zwei Brüder gekannt haben, den Pfarrer, der sie beerdigt hat, aber nichts kommt heraus.

Es ist einfach zu lange her, fast alle unmittelbaren Zeugen tot. Und auf die Hinweise aus zweiter und dritter Hand kann und will sich Oberstaatsanwalt Beck nicht verlassen.

Da gegen die Brüder Andreas und Karl S. keine stichhaltigen Beweise mehr zu erhalten sind, läßt er am 16. März 1971 die Ermittlungen erneut einstellen.

»Die Chancen, den Fall doch noch aufzuklären«, sagt er zu den Kripobeamten, »sind gleich Null. Da müßte schon noch ein Wunder geschehen.«

# XXV.
## Hinterkaifeck heute

Über das Paartal bricht die Nacht herein. Der morastige Feldweg, der an dem Ort des Grauens vorbeiführt, verliert sich im dunkeln. »Jetzt«, sagt der Waidhofener Bürgermeister Josef Plöckl, »finden Sie wahrscheinlich niemanden, der freiwillig an der Mordstätte vorbeigehen würde.« Überhaupt meiden die Einheimischen den Platz, an dem das scheußliche Verbrechen verübt wurde.

Am Tag, wenn die Sonne den Nebel vertrieben hat, macht die Mordstelle einen fast friedlichen Eindruck. Das Marterl, das am Standort des abgerissenen Hofes errichtet wurde, hat Patina angesetzt. Der Gedenkstein und der Grund ringsum gehört der Landwirtsfamilie Heinrich Zeidler. Er ist der Schwiegersohn von Jakob Gabriel, dem Bruder des vermutlich 1914 gefallenen Karl Gabriel. Der Landwirt baut dort, wo das Verbrechen einst geschah, abwechselnd Kartoffeln und Getreide an.

Die Gemeinde Waidhofen will das Steindenkmal, das ihr gar nicht gehört, renovieren. Sobald ein Kostenvoranschlag vorliegt, möchte Bürgermeister Plöckl im Gemeinderat darüber abstimmen lassen. »Vielleicht sollten wir«, meint Plöckl, »auch einige Quadratmeter um das Marterl aufkaufen und herrichten – wissen Sie, Bäume pflanzen, vielleicht eine Einfriedung anbringen.«

Das Grab für die sechs Opfer auf dem Friedhof von Waidhofen ist bestens gepflegt – schwarze Erde, zwei Säulenwacholder, Blumen. Es ist im Besitz der Gemeinde. »Da kümmert sich unser Verein für Gartenbau- und Landschaftspflege darum«, sagt Plöckl. Die Gemeinde selbst hat erst 1977 die Goldinschrift auf dem schwarzen Marmor-Obelisk auffrischen lassen.

Es gibt nicht mehr viele, die persönlich noch die Opfer von Hinterkaifeck gekannt haben. Die meisten sind tot.

Was wissen sie überhaupt, die Bürger von Waidhofen, Gröbern, Wangen und den vielen Einöden? Der eine glaubt dieses, der andere jenes. War es Rache? Wenn man weiterbohrt, schweigen sie. »Jetzt«, sagt Bürgermeister Josef Plöckl, »ist ziemlich Gras über das Ganze gewachsen – die zweite und dritte Generation versucht die grausige Erinnerung zu verdrängen. Es ist ja auch bereits ein halbes Jahrhundert her.«

Doch das unbegreifliche Geschehen vom 31. März 1922 lastet immer noch wie ein Fluch über der Gegend, den Menschen. »Das kann man nicht totschweigen«, meint ein Bauer, »es ist wie ein Spuk.« Schnell fügt er hinzu: »Aber schreiben's das nicht, es muß einmal Ruhe damit sein.«

Die Hoffnung auf eine Aufklärung des Falles haben die Einheimischen begraben. Obwohl der oder die Mörder theoretisch noch am Leben sein könnten, vertrauen sie mehr auf den außerirdischen Richter.

»Dem Mörder wünschen wir eine ganz heiße Hölle!« Ein etwa Fünfzigjähriger bekräftigt das, was nicht wenige denken. »Daß die damals auch den unschuldigen Buben umgebracht haben, das ist das schlimmste.«

# Verlag und Autor
## sind zu großem Dank verpflichtet

Dr. Wolfram Baer (Leiter des Stadtarchivs Augsburg), Ministerialrat Reinhard Beck (Bayerisches Staatsministerium der Justiz), Oberstaatsanwalt Max Beck (Augsburg), Kriminalhauptkommissar Bernhard Brachert (Polizeipräsidium Augsburg), Ministerialdirigent Karl Krampol (Bayerisches Staatsministerium des Innern), Leitendem Oberstaatsanwalt Dr. Alfred Peischer (Augsburg), Geistlichem Rat Josef Pfaller (Hofstetten) und Bürgermeister Josef Plöckl (Waidhofen).

Foto-Nachweis: Bis auf die Tatort-Fotos stammen alle Bilder und Reproduktionen von Heinz Leuschner (Ingolstadt).

Der Einödhof Hinterkaifeck, aufgenommen 1922. Die Nummer Eins bezeichnet das Wohnzimmer, Zwei ist das Schlafzimmer, in dem der kleine Joseph ermordet wurde, Drei ist der Stall und Vier die Scheune, in der vier Leichen lagen. Das Zimmer der Magd befand sich neben der Wohnstube.

Ein schrecklicher Anblick: In der Scheune fand die Polizei vier der sechs Leichen. Zäzilie Gruber war mit sieben Schlägen getötet worden. Außerdem fanden sich an ihrem Hals Würgespuren. Bei Viktoria Gabriel war die rechte Gesichtsseite und der Schädel zertrümmert. Bei der kleinen Zäzilie war ebenfalls der Schädel zertrümmert und der linke Unterkiefer zerschmettert worden. Auch bei Andreas Gruber waren Hiebe auf den Kopf die Todesursache.

*Vier der Leichen lagen versteckt unter Heu und einer alten Türe.*

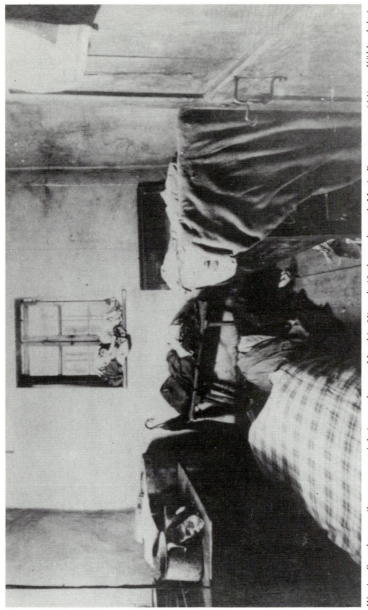

*Wenige Stunden vor ihrem ersten Arbeitstag als neue Magd in Hinterkaifeck wurde auch Maria Baumgartner (44) aus Kühbach bei Aichach umgebracht. Tot brach sie vor ihrem Bett zusammen.*

*Unbarmherzig töteten die unbekannten Täter auch den kleinen Joseph. Der zweieinhalbjährige Bub wurde in seinem Kinderwagen erschlagen.*

*Der Kunstmaler Max Binder malte wenige Monate nach dem Verbrechen für einge Mark die Mordstätte. Wenig später wurde der Hof abgerissen.*

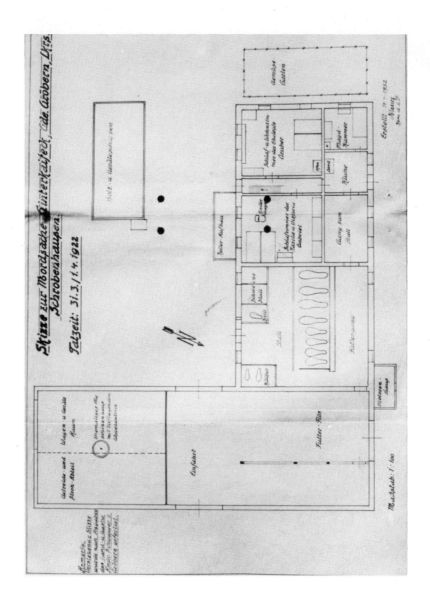

*Der Grundriß des Einödhofes Hinterkaifeck: Die Angaben dazu lieferte der heute 81jährige Andreas Schwaiger. Die Skizze wurde im Maßstab 1 : 100 erstellt.*

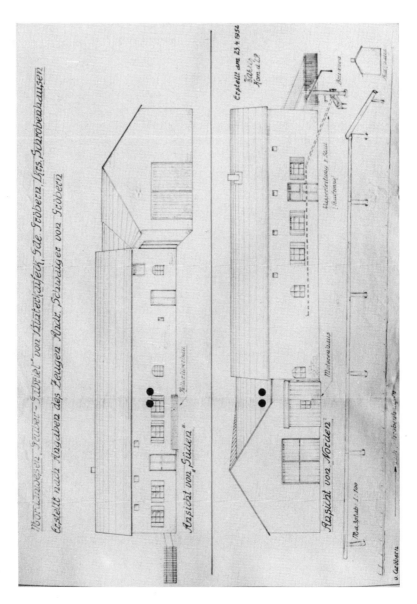

*So sah das Mordhaus aus: Kommissar Harrer zeichnete es am 23. April 1952 nach den Angaben des Gröberner Land- und Gastwirts Andreas Schwaiger.*

*Das Grab auf dem Friedhof von Waidhofen.*

Gottloser Mörderhand
fiel am 31.März 1922
die Familie
**Gabriel-Gruber**
von Hinterkeifeck zum Opfer

**Andreas Gruber,**
geb. 1858
**Cäzilia Gruber,**
geb. 1849
**Viktoria Gabriel,**
geb. Gruber, geb. 1887
Deren Kinder
**Cäzilia,** geb. 1915
**Josef,** geb. 1918
Dienstmagd, Jungf.
**Maria Baumgartner**
geb. 1877.

Der Herr gedenket als Blut’s Ihrer,
Vergisst nicht das Gesebrei der Armen.
Psalm 9.12.

Dem Andenken
der Ermordeten, gewidmet
von ihren näheren Anverwandten.

*Ein dunkler Marmor-Obelisk ziert die letzte Ruhestätte der sechs Opfer.*

Eintrag von Pfarrer Michael Haas ins Sterbebuch der Pfarrei Waidhofen. Unter der Rubrik „Krankheit" vermerkte der Geistliche bei allen sechs Opfern „Raubmord". Bei dem zweieinhalbjährigen Joseph vermerkte er „illeg.". In der Spalte „Stunde des Hinscheidens" trug Pfarrer Haas den 31. März 1922 abends ein.

## Gabriel Karl,
### gefallen am 12. Dezember 1914 bei Arras.

*Karl Gabriel*

# Zur frommen Erinnerung im Gebete
## an den ehrengeachteten Herrn

# Karl Gabriel,

**Gütler von Hinterkaifeck und
Landwehrmann im K. B. 13.
Inf.-Regt. 1. Komp.**
geboren am 16. Dezember 1888,
gestorben den Heldentod fürs Vater-
land am 12. Dezember 1914 bei
Neuville.

Die Kugel, die dich niederwarf,
Sie traf auch mich ins Herz;
Doch eines Helden Gattin darf
Nicht untergehen im Schmerz.
Die Kraft, die dich im Kampf gestählt,
Sie sei mein Halt in Not:
Der Trost des Wiedersehens hält
Mich aufrecht bis zum Tod.

Mein Jesus Barmherzigkeit.
100 Tage Abl.

Buchdruckerei Ludwig Hickl, Schrobenhausen

*Sterbebild für Karl Gabriel*

verkaufern ein dreijähriges Pferd um den Preis von 60 000 Mark angekauft. Es ist allerdings ein Pracht-stück.

**Schrobenhausen,** 10. April. Mittels Lastautos trafen von München her 50 bis 60 Mann von der Landespolizei hier ein, um durch die Wälder der Umgebung Streifen zu halten und zur Beruhigung der durch den Mord in Kaiseck etwas erregten Bevölkerung, dieselben von allenfallsigen verdächtigen Elementen zu befreien. Sie haben dahier Quartier bezogen und werden voraussichtlich einige Tage hier bleiben.

**Schrobenhausen,** 10. April. Aus Anlaß der Mordtat in Hinterkaiseck erläßt das hiesige Bezirksamt folgende beachtenswerte Anweisungen zur Sicherung gegen nächtliche Ueberfälle: Die furchtbare Mordtat in Hinterkaiseck gibt Veranlassung, die ländliche Bevölkerung, besonders die Besitzer von Einöden und abgelegenen Anwesen zur größten Wachsamkeit und Vorsicht vor allem zur Nachtzeit anzuhalten. Das gute Abschließen aller Wohn- und Schlafräume, die Durchsuchung der Räumlichkeiten vor dem Schlafengehen, das Halten von guten Hunden, Bereitlegen von Verteidigungswaffen, gegenseitige Hilfs-, Sicherungs- und Verständigungsmaßnahmen usw. erscheinen dringend geboten. Ganz besondere Vorsicht ist gegenüber unbekannten Personen, Hamsterern usw. am Platze. Zu warnen ist vor allem auch davor, größere Geldmengen oder sonstige Wertsachen zu Hause aufzubewahren. Im Zusammenhang damit, wird wiederholt die Errichtung von Kontos und Hinterlegung der Wertsachen bei einer Bank oder Sparkasse und der bargeldlose Zahlungs-Verkehr nahegelegt. Die Einrichtung gemeindlicher Sicherheitswachen ist ins Auge zu fassen. Alle verdächtigen Wahrnehmungen und Persönlichkeiten sind umgehend der Ortspolizeibehörde oder der Gendarmerie mitzuteilen, welche hierüber sofort anher zu berichten haben.

**Dillingen,** 10. April. In landwirtschaftlichen Kreisen ist bekanntlich gefordert worden, daß über den Erlös für das über das gesetzliche Umlagesoll hinaus erfaßte Ge-

*Ausschnitt aus dem Ingolstädter Tagblatt vom 11. April 1922.*

Polizei-Amt Augsburg     Mittwoch, 12. April 1922.

Kriminal-Abteilung

Fernruf 631.    T a g e s b e r i c h t  Nr. 23.

I

1.) Sechsfacher Raubmord in der Einöde Hinterkaifeck,B.A.Schro=
benhausen. Hohe Belohnung ! Am Dienstag,den 4.April nachm
um 5 Uhr wurden im Einödhof Hinterkaifeck,Gde.Wangen,bayr.
B.A.Schrobenhausen,sämtliche Bewohner des Hofes ermordet aufgefunden. Es liegt Raubmord vor. Die Tat dürfte am 31.3.22
in der Zeit von 8-11 Uhr abends erfolgt sein. Was alles geraubt worden ist,konnte noch nicht festgestellt werden,immer-
hin ist aber anzunehmen,daß dem oder den Tätern ein ansehn-
licher Betrag Papiergeld in die Hände gefallen ist. Ermordet
wurden die im Austrag lebenden,in den 70 er Jahren stehenden
Eheleute Andreas und Zäzilie Gruber,die Besitzerin des Hofes
Viktoria Gabriel,Witwe,deren 8 Jahre altes Töchterchen Zäzilie und 2 1/2 jähriger Sohn Josef; ausserdem die erst am 31.
3.22 bei Gabriel in den Dienst getretene 45 Jahre alte Maria
Baumgartner. Die Mörder,es dürften 2 Personen gewesen sein,
haben vor der Tat,in dem unmittelbar an das Wohnhaus angebau-
ten Stall ein Rind losgekettet um dadurch eine Unruhe im Stal-
le hervorzurufen. Anscheinend sind dann die Eheleute Gruber,
die Witwe Gabriel und deren Tochter Zäzilie nacheinander in
den Stall gegangen,sind dort von den Tätern erwartet,mit
einer sogen.Kreuzhacke erschlagen und in die anstossende
Tenne geschleppt worden. Das 2 1/2 Jahre alte Kind lag erschlagen im Kinderwagen,die Dienstmagd in der Kammer neben
ihrem Bette. Allen war der Schädel eingeschlagen.
Daß die Tat erst spät abends ausgeführt worden ist,ist daraus zu schliessen,daß der alte Gruber nur mit Unterhose und
Hemd und die 9 Jahre alte Zäzilie Gabriel nur mit einem
Hemdchen bekleidet war,sohin von ihren Betten aufgestanden
sein dürften. Von den Tätern fehlt bis jetzt jede Spur.
Um eifrige Fahndung,Nachfragen in den Bahnhofstationen der
Bezirke Schrobenhausen und Pfaffenhofen,sowie in den an der
Tatort gelegenen Örtlichkeiten über Wahrnehmung von verdäch-
tigen Persönlichkeiten am 31.3 u.1 4.22 wird gebeten.
Mitteilungen an die Staatsanwaltschaft Neuburg,T.R.8,oder
Pol.Direktion München,Tel.20231 Nebst.179. A l.

     8.) Zum sechsfachen Raubmord in Hinterkaifeck.

(Tagesbericht v.6.4.22 Nr.80 I 4,v.11.4.22 Nr.84 I 9,v.22.4.22 Nr.91 I 5,
v.25.4.22 Nr.93 I 14,v.15.5.22 Nr.110 I 8 u.Bay.Pol.Bl.v.8.4.22 Nr.51/324
(Sonderblatt),v.19.4.22 Nr.55/3461,v.29.4.22 Nr.60/3809,v.20.5.22 Nr.71/
4560).

Trotz aller Bemühungen ist es bisher nicht gelungen,die Täter des v.31.
März zum 1.April 1922 in der Einöde Hinterkaifeck,Gde.Wangen,BA.Schroben=
hausen,begangenen Raubmordes festzustellen.Die Regierung von Oberbayern,
Kammer des Innern,hat nunmehr mit Entschliessung v.14.August 1926 an Stelle der unterm 7.4.1922 ausgesetzten Belohnung von 100 000 Papiermark eine
Belohnung von 1000 Rℳ für die Ergreifung oder sichere Ermöglichung der Ergreifung der Täter ausgesetzt.- Zweckdienliche Mitteilungen an die Staatsanwaltschaft Neuburg a.D.zu A 169 oder an die Pol.Dir.München,Kriminal-

*Tagesbericht Nr. 23 des Polizei-Amtes Augsburg vom 12. April 1922.*

*Ein historisches Bild: Die Verkehrsabteilung der Polizei Augsburg im Jahre 1920.*

*Die Musikkapelle der Augsburger Schutzmannschaft in den zwanziger Jahren.*

*Schreiben der Gendarmerie-Hauptstation Schrobenhausen vom 16. April 1922 an die Gendarmerie-Station Hohenwart. Der Beamte Oberndorfer bittet darin die Kollegen um Nachforschungen über Verwandte und Angehörige der ermordeten Familie Gruber. Auf dem gleichen Blatt unten die Antwort aus Hohenwart vom 17. April 1922.*

**Kriminalpolizei Augsburg**
Abteilung I /273          Augsburg, den 7.Juli 1922

Betreff:
Raubmord in Hinterkaifeck.

I.          Am 7.7.22 machte der Bahnhofwächter Josef
S t r o b e l,Leopoldstrasse No 1 dahier,folgende
Mitteilung:
Vor etwa 8 Tagen,genauer Datum ist mir nicht bekannt
habe ich früh 4 Uhr mit dem Wächter Johann Mayer,
am hiesigen Hauptbahnhofe im Wartesaale III.Klasse
eine Kontrolle vorgenommen.Dort sass auch ausweis-
lich der Papiere der pensionierte Lokomotivführer
Michael H██████,geb.1871 zu Augsburg.H██ war ziemlich betrunken,was wir erst bemerkten als wir an
seinem Tische Platz genommen hatten und Kaffee
tranken.H██ fing mit uns ein Gespräch an und kam
auch auf den Mord in Hinterkaifeck zu sprechen.
Unter anderem sagte er,dass er in diesem Falle im
Stande wäre Aufklärung zu schaffen,wenn er möchte.
Er kenhe nämlich einen Mann,der ihm persönlich gesagt habe,dass er in Hinterkaifeck etwas ausführen
werde.H██ brach das Gespräch in dieser Sache
plötzlich ab und gewann ich den Eindruck,dass es
ihn gereut,dass er über den Fall etwas gesagt hat.
Ueber die Art und Ausführung der Tat selbst hat er
nichts gesagt,jedoch erwähnte er,dass der Mörder
eine hübsche Summe Geld,hauptsächlich Gold u.Silber
erwischt habe.H████ steht anscheinend in der Rieser
Gegend in Arbeit,wo ist mir nicht mehr erinnerlich.
Ich bin wohl der Anschauung,dass H██ nur aufge -

*Die Aussage des Bahnhofwächters Josef Strobel vom 7. Juli 1922 zum Fall Hinterkai-*
*feck. Die Polizei nimmt nach wie vor – wie aus dem „Betreff" hervorgeht – Raubmord*
*an.*

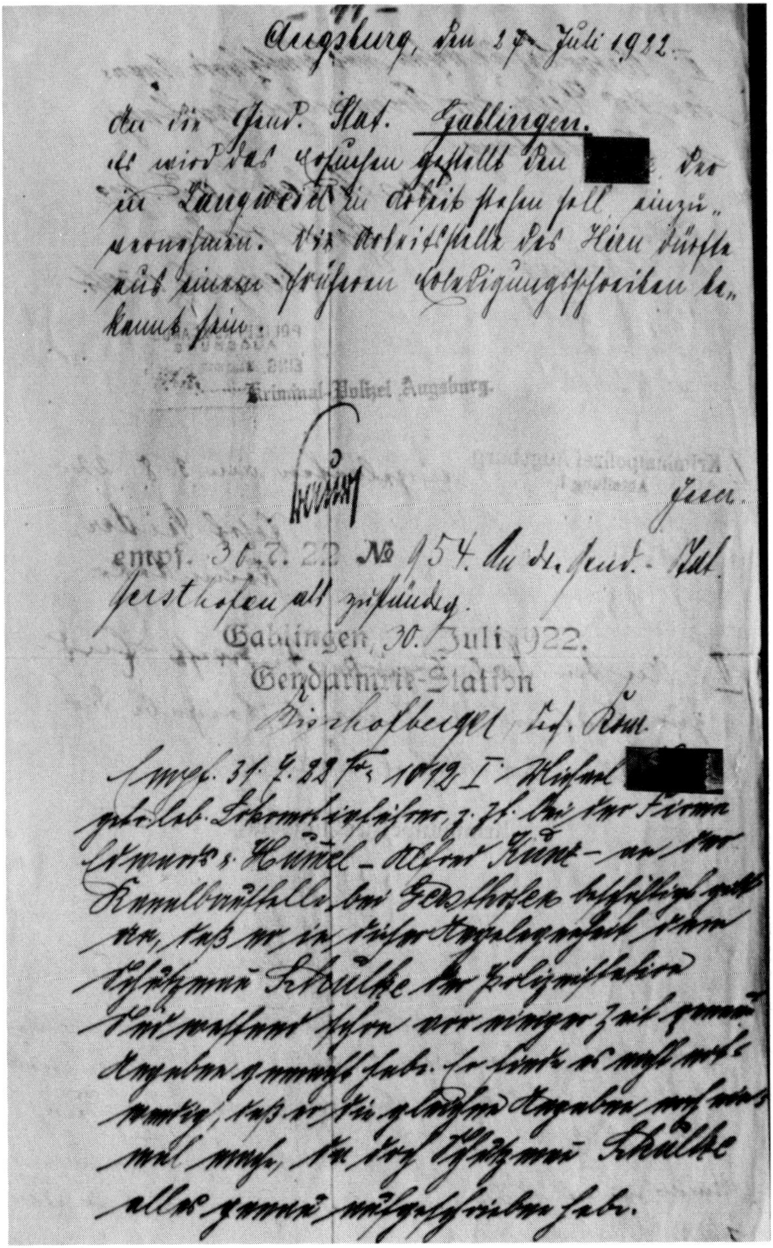
Augsburg, den 27. Juli 1922.

An die Gend. Stat. Gablingen.

Es wird das Ersuchen gestellt den [redacted], der in Langweid in Arbeit stehen soll, einzuvernehmen. Die Arbeitsstelle des Hiem dürfte aus einem früheren Erledigungsschreiben bekannt sein.

Kriminal-Polizei Augsburg

empf. 30.7.22 № 154. An die Gend.-Stat. Gersthofen als zuständig.

Gablingen, 30. Juli 1922.
Gendarmerie-Station
[illegible]

Empf. 31.7.22 № 1012 I. [illegible] [redacted] [illegible] bei der Firma [illegible] an der Kanalbaustelle bei Gersthofen beschäftigt [illegible], daß er in dieser Angelegenheit dem Schutzmann Schultze [illegible] Angaben gemacht habe. [illegible], daß er die gleichen Angaben noch einmal mache, da der Schutzmann Schultze alles genau aufgeschrieben habe.

*Die Gendarmerie-Station Gablingen bei Augsburg wird am 27. Juli 1922 mit den weiteren Ermittlungen bei der Fahndung nach dem Verdächtigen eingeschaltet.*

München, den 9.Mai 1922

Sehr geehrter Herr Bürgermeister !

Nachdem wir einstweilen unsere Tätigkeit abgeschlossen haben
ohne aber aufzuhören die weiteren Fäden auszuspinnen,möchten
wir,nachdem wir nun vorläufig wieder zuhause sind,nicht ver=
säumen Jhnen,mein lieber Herr Bürgermeister und Jhrer sehr
geschätzten Frau Gemahlin für Jhre liebenswürdige Aufnahme
und Verpflegung unseren herzlichsten Dank nochmals auszu=
sprechen.

Sie dürfen versichert sein,dass wir niemals Jhr grosses
Entgegenkommen sei es in dienstlicher,als auch in privater
Art gewesen,vergessen werden uns sollte es jemals die Gele=
genheit bieten uns durch Revanche dankbar zeigen zu=können,
so werden wir selbstverständlich alles aufbieten uns zu be=
mühen unsere Schulden gleich machen zu können.

Für heute seien Sie nun mit Jhrer werten Familie viel=
mals herzlichst gegrüsst und verbleiben unter vorzüglicher

Hochachtung

Jhr

Krim;Kommissär           Krim.Sekretär

Baaderstr. 9/0           Zwingerstr. 2/II

*Dankschreiben zweier Angehöriger der Münchner Mordkommission an Bürgermeister
Georg Greger von Wangen.*

München, den 9.Mai 1922.

Sehr geehrter Herr Bürgermeister!

Im Nachgange zu unserem Brief vom heutigen möchte ich Jhnen
mitteilen,dass in den nächsten Tagen sich bei Jhnen der Herr
Gemeindesekretär Dersch von Waidhofen einfinden wird und
Sie in einigen Punkten um etwas fragen wird.Joh bitte Sie Jhn zu
unterstützen.

Ausserdem bitte ich Sie im Einvernehmen mit Dersch festzu=
stellen,ob Leute dort bekannt sind,die einen Spitznahmen haben,
der auf ihr Geschäft sich bezieht z.B.einen bekannten Schuster
nennt man " Schusterfranzl u.s.w. "

Ferner würde ich Sie gebeten haben,wenn es möglich sein
kann,bis zum Eintreffen des Herrn Dersch festzustellen,an wem
die Ermordeten ihre landwirtschaftlichen Erzeugnisse,auch Vieh
regelmässig verkauft haben. Auch dies bitte ich Herrn Dersch
mitzuteilen.

Sollte Herrn Dersch nicht bald eintreffen,so würde ich Sie
gebeten haben,ob Sie Jhn nicht selbst in seiner Kanzlei in Waid=
hofen aufsuchen wollten,d.h. wenn er nicht bis zum Sonntag zu
Jhnen kommen sollte.

Alles hier Gesagte und von Jhnen Festgestellte bitte ich
streng geheim zu halten, worüber ich ja von selbst überzeugt bin.

Es grüsst Sie recht herzlich

Jhr

Jederzeit dankbarer

Krim.Kommissar,

München,Baaderstrasse Nr.9/0

*Bürgermeister Greger wird am 9. Mai 1922 um „Amtshilfe" gebeten.*

*Bürgermeister Georg Greger aus Wangen (rechts) war als einer der ersten am Tatort. Zu seiner Gemeinde gehörte damals Hinterkaifeck. Neben ihm der Landwirt Lebmeier aus Kaifeck.*

*Der Gendarmerie-Wachtmeister Johann Anneser von der Hauptstation Schrobenhausen war als einer der ersten am Tatort. Als er 1952 nochmal zu den Vorgängen im April 1922 vernommen wurde, kritisierte er heftig die Ermittlungsarbeit der Münchner Mordkommission. Anneser wurde 1896 in Unterhausen bei Neuburg an der Donau geboren. Bis zu seinem Tode lebte er in Wettenhausen (Kreis Günzburg). Das Foto zeigt ihn als Soldat im Ersten Weltkrieg.*

*Das ist der einzige Journalist, der damals in Hinterkaifeck war: Hans Lautenbacher aus Augsburg.*

*Der aus der Heilanstalt Günzburg entwichene Josef B. stand jahrelang in Verdacht, das Verbrechen verübt zu haben. Nach ihm wurde vergebens gefahndet. Der ledige Bäcker (geboren am 18. Januar 1897) stammte aus Geisenfeld.*

*,,Mich hat der Mörder von Hinterkaifeck aus russischer Kriegsgefangenschaft entlassen." Diese Geschichte erzählte der Kraftfahrer Matthäus E. (Foto) 1951 der Polizei.*

*Pfarrer Michael Haas beerdigte am 8. April 1922 die sechs Opfer von Hinterkaifeck.*

*Michael Plöckl kam einen Tag nach dem Verbrechen an dem Mordhaus vorbei. Hinter dem Hof sah er eine Taschenlampe aufleuchten.*

T.B.Z. 195/25    D.St.    I    Am  8.März 1925

## Stadtpolizeiamt Augsburg
### Kriminal=Abteilung
Fernspr. Nr. 1650

Betreff: Mord in Hinterkaifek.

An
**S c h r o b e n h a u s e n .**
Gend.Hauptstation

Beilage: 1 Brief.

Wie schon telephonisch mitgeteilt, bezüchtigt der
Fuhrwerksbsitzer Xaver S c h ä f e r hier,den Landwirt Andreas
T⬛⬛⬛ und dessen Söhne,des Mordes in Hinterkaifek.T⬛⬛⬛
und seine Söhne wurden in den letzten Tagen einvernommen.Sie
bestreiten die Tat und haben sich Anhaltspunkte für ihre Täterschaft nicht ergeben.Bericht ging an die St.A.Neuburg a/D.
Heute lief der beiliegende annonyme Brief ein,in welchem ein
weiterer Verdacht ausgesprochen wird.Wir ersuchen um Erhebunge⬛

*Dieser Dienstbrief ging am 6. März 1925 von der Kriminal-Abteilung des Augsburger Stadtpolizeiamtes an die Gendarmerie-Haupt-station Schrobenhausen.*

*Sofort werden die Schrobenhausener Beamten aktiv. Als sie nicht weiterkommen, schalten sie noch die Kollegen in Hohenwart ein. Seine „Erhebungen" teilt der Beamte Goldhofer am 12. März 1925 dem Polizei-Kommando Augsburg mit. Dort geht der Brief am 14. März ein.*

*Postschaffner Josef Mayer sah als letzter den alten Gruber lebend vor seinem Hof. Der Beamte brachte dreimal in der Woche die neueste Ausgabe des Schrobenhausener Wochenblattes nach Hinterkaifeck.*

*Er kannte die Namen der „Mörder": Benefiziat Anton H. aus Weißenhorn bei Neu-Ulm.*

*Der Münchner Schriftsetzerlehrling Rudolf Storz brachte 1952 den Stein ins Rollen.*
*Später wanderte der junge Mann nach Amerika aus.*

*Der „Beweis" gegen die Brüder Anton und Adolf G.: Diese Notizen machte sich Benefiziat Anton H. am Sterbebett von Kreszentia M. Die Frau bezichtigte ihre beiden Brüder des Mordes von Hinterkaifeck.*

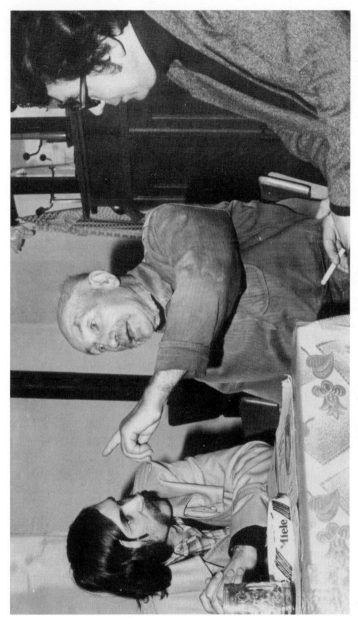

*Erinnert sich noch genau an den 4. April 1922: Andreas Schwaiger aus Gröbern (81). Er war als einer der ersten nach Entdeckung der sechs Leichen in Hinterkaifeck und alarmierte wenig später Pfarrer Haas und die Polizei. Auf dem Bild im Gespräch mit Bürgermeister Josef Plöckl (rechts) und Autor Peter Leuschner (links).*

*Gröbern gehörte bis 1971 zu Wangen. Jetzt ist das 72 Einwohner zählende Dorf ebenso wie Wangen ein Ortsteil von Waidhofen.*

*Waidhofen liegt unmittelbar an der Bundesstraße 300, die von Augsburg nach Regensburg verläuft. Im Hintergrund Gröbern.*

*Hier ging die kleine Zäzilie zur Schule. Das Gebäude erbaute Mitte des 19. Jahrhunderts der Vater des berühmten Porträmalers Franz von Lenbach, der Schrobenhausener Maurermeister Lenbach. Seit Ende 1977 hat Waidhofen ein neues Unterrichtsgebäude. Das aus zwei Trakten bestehende alte Schulgebäude steht jetzt leer. Die Gemeinde sucht nun einen Käufer.*